U0917303

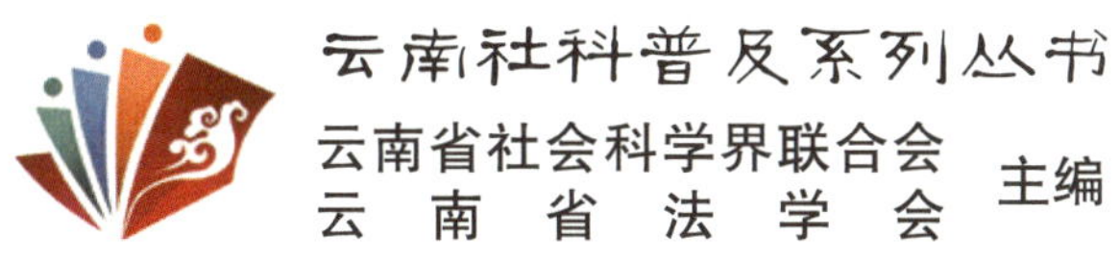

云南社科普及系列丛书

云南省社会科学界联合会
云　南　省　法　学　会　主编

生活中的民法典

刘俊芳　编著

云南人民出版社

图书在版编目（CIP）数据

生活中的民法典 / 云南省社会科学界联合会, 云南省法学会主编；刘俊芳编著. -- 昆明：云南人民出版社, 2021.12（2025.6重印）
（云南社科普及系列丛书）
ISBN 978-7-222-20780-6

Ⅰ. ①生… Ⅱ. ①云… ②云… ③刘… Ⅲ. ①民法－基本知识－中国 Ⅳ. ①D923.04

中国版本图书馆CIP数据核字(2022)第018614号

责任编辑：陶汝昌　刘振芳
助理编辑：欧　燕　董　毅
责任校对：陈　迟
责任印制：代隆参
装帧设计：赵　丹

生活中的民法典
SHENGHUO ZHONG DE MINFADIAN

刘俊芳　编著

出　版　云南人民出版社
发　行　云南人民出版社
社　址　昆明市环城西路609号
邮　编　650034
网　址　http://www.ynpph.com.cn
E-mail　ynrms@sina.com
开　本　787mm × 1092mm　1/16
印　张　20
字　数　269千
版　次　2021年12月第1版　2025年6月第2次印刷
印　刷　云南出版印刷集团有限责任公司华印分公司
书　号　ISBN 978-7-222-20780-6
定　价　68.00元

如需购买图书、反馈意见，请与我社联系
图书发行电话：0871-64107659

云南人民出版社微信公众号

前　言

2020年5月28日，第十三届全国人民代表大会第三次会议通过了《中华人民共和国民法典》（以下简称民法典），中华人民共和国第四十五号主席令予以公布，自2021年1月1日起施行。这是新中国几代人的夙愿，是新时代我国社会主义法治建设的重大成果，也是新中国第一部以法典命名的法律。我国曾于1954年、1962年、1979年、2001年先后4次启动制定和编纂民法典相关工作，但由于条件限制都没有完成。党的十八届四中全会通过《中共中央关于全面推进依法治国若干重大问题的决定》，对编纂民法典的工作作出部署安排。习近平高度重视民法典的编纂工作，三次主持中央政治局常委会会议，专门审议了民法总则、民法典各分编、民法典三个草案。这一次编纂工作历时5年多，终于完成。这部民法典不仅是我国新时代的民法典，更是开启了我国的民法典时代。习近平指出："民法典在中国特色社会主义法律体系中具有重要地位，是一部固根本、稳预期、利长远的基础性法律，对推进全面依法治国、加快建设社会主义法治国家，对发展社会主义市场经济、巩固社会主义基本经济制度，对坚持以人民为中心的发展思想、依法维护人民权益、推动我国人权事业发展，对推进国家治理体系和治理能力现代化，都具有重大意义。"

从体例上来说，我国民法典一共有7编、1260条，是我国法律体系中条文最多、体量最大、编章结构最复杂的一部法律。我国民法典开创了历史，体现了中国特色。习近平指出，我国民法典系统整合了新中国成立七十多年来长期实践形成的民事法律规范，汲取了中华民族五千多年优秀法律文化，借鉴了人类法治文明建设的有益成果，是一部体现我国社会主义性质、符合人民利益和愿望、顺应时代发展要求的民法典，是一部体现对生命健康、财产安全、交易便利、生活幸福、人格尊严等各方面权利平等保护的民法典，是一部具有鲜明中国特色、实践特色、时代特色的民法典。我国民法典采用“七编制”体例，分为总则编、物权编、合同编、人格权编、婚姻家庭编、继承编、侵权责任编，共七编。

总则编规定了民事活动的基本原则和一般规定，在民法典中起统领作用。总则规定了普遍适用于整部民法典乃至于各个民商事单行法的最基础、最通用、最抽象的共同规则。总则编共有 10 章、204 条。它从我国实际出发，总结了改革开放以来的立法和司法实践经验，回应时代问题，具有鲜明的中国特色与时代特征。如第一章第一条旗帜鲜明地将“弘扬社会主义核心价值观”作为一项重要的立法目的，彰显了我国民法典的价值取向；第九条规定民事主体从事民事活动应遵循“节约资源、保护生态环境”的基本原则，体现了人与自然和谐共处的新发展理念；第三章将法人分为营利法人、非营利法人和特别法人的分类方式体现了鲜明的本土特色；第五章第一百二十七条将“数据、网络虚拟财产”纳入法律的保护范围，体现了我国民法典对信息化、大数据时代权利保护的及时回应；等等。

物权是民事主体依法享有的重要财产权。物权法律制度是调整因物的归属和利用而产生的民事关系。民法典物权编在原《中华人民共和国物权法》（以下简称物权法）的基础上，按照党中央提出的完善产权保护制度，健全归属清晰、权责明确、保护严格、流转顺畅的现代产权制度的要求，根据现实需要，在结合立法、司法实践的基础上进一步完善了物权法律制度。物权编共有 5 个分编、20 章、258 条。

合同是双方或多方当事人关于建立、变更、消灭民事法律关系的协议，是产生债的一种最为普遍和重要的根据。合同是进行市场交易的主要形式，它是民事主体实现意思自治的重要工具。我国1999年制定了《中华人民共和国合同法》（以下简称合同法），这次合同编的编纂以合同法为基础，针对合同领域出现的新情况、新问题，对原合同法律制度进行了全面系统的修改和完善。如在原合同法规定的15类合同基础上增加了保证合同、合伙合同、保理合同、物业服务合同，现有19种典型合同。合同编共有3个分编、29章、526条，是民法典中条文数量最多的部分，接近整个民法典的"半壁江山"。

人格权是民事主体对其生命、健康、名誉、肖像、隐私等特定的人格利益享有的权利，关系到每个人的人格尊严，是民事主体最基本、最重要的权利。我国改革开放40多年来，人民群众的物质生活水平得到了极大的提高，对精神权利的追求也日益明显，已经成为对美好生活向往的重要方面和内容。这些精神性权利，在民法上集中体现为人格权。党的十九大和十九届二中全会明确提出，保护人民的人身权、财产权、人格权。我国宪法明确规定，要尊重和保护公民的人身自由和人格尊严。正是在这一背景下，民法典将人格权独立设为一编，强调人格权保护，这既是民法典的一大亮点，也是我国在世界民法发展史上的一个重大的制度创新。人格权编规定了人格权的一般性规则，并对生命权、身体权和健康权，姓名权和名称权，肖像权，名誉权和荣誉权，隐私权和个人信息保护等作了明确规定。

《中华人民共和国婚姻法》（以下简称婚姻法）于1950年制定，1980年重新制定，2001年进行了修改。1991年制定了《中华人民共和国收养法》（以下简称收养法），1998年进行了修改。民法典婚姻家庭编以原婚姻法、收养法为基础，在坚持婚姻自由、一夫一妻、男女平等基本原则的前提下，结合社会发展和人民的需要，修改了部分规定，并增加了一些新规定，如离婚冷静期、离婚损害赔偿制度等。

继承制度是关于自然人死亡后财富如何传承的基本制度。1985年制定了《中华人民共和国继承法》（以下简称继承法），随着人民群众生活水平的不断提高，个人和家庭拥有的财产日益增多，因继承引发的纠纷也越来越多。根据我国社会家庭结构、继承观念等方面的发展变化，民法典继承编在原继承法的基础上，以满足人民群众处理遗产的现实需要，修改完善了继承制度。

侵权责任是民事主体侵害他人权益应当承担的法律后果，属于民事基本法律制度。2009年制定了《中华人民共和国侵权责任法》（以下简称侵权责任法）。民法典侵权责任编以原侵权责任法为基础，总结立法、司法的实践经验，针对侵权领域出现的新情况，借鉴吸收了司法解释的有关规定，对侵权责任制度作了必要的补充和完善，对一些社会热点问题进行了回应，如高空抛物、自甘风险行为等。

民法典是“社会生活的百科全书”，民法是以保护民事权利为中心的私法，是权利法。习近平强调，实施好民法典，必须加强民法典普法工作，并将其作为“十四五”时期普法工作的重点来抓，引导群众认识到民法典既是保护自身权益的法典，也是全体社会成员都必须遵循的规范，养成自觉守法的意识，形成遇事找法的习惯，培养解决问题靠法的意识和能力。

本书为了方便群众学习民法典，解决生活中经常碰到的法律问题，将非常专业的法律术语通过具体的案例生动呈现，以问题为导向，回应和关注群众身边的法律问题以及民法典中新设立的法律制度。撰写组通过中国法律文书网等网站收集了大量的真实案例，经过比选，最终选择了较具有典型性和代表性的案例作为研究对象，结合法院的裁判，找到对应的民法典及其司法解释的具体条文的规定，展开以案释法、法条释义，深入浅出地分析法律原理，文字通俗易懂，生动具体，易于理解和使用。

目　录

出钱请人办事，事情没办成对方又不退钱怎么办？

案情介绍

小明和小丽是夫妻关系，小明和小强是朋友关系。2016 年 9 月 6 日，小强收取小丽现金 10 万元，承诺为小丽的儿子在驻马店市 ×× 一体化示范区安排工作。小强向小丽出具收条一份，载明：2016 年 9 月 6 日，收到小丽现金 10 万元整。若事办不成，则全额退回。此后，小丽儿子工作事情一直未能得到办理，小丽找小强要求退还 10 万元款项未果，便起诉至法院，要求确认两者之间安排工作口头委托合同无效，并判令小强返还现金 10 万元及利息。

小丽的诉讼请求能否得到法院的支持呢？（本案来源于中国裁判文书网）

◆ 法院裁判

法院认为，民事主体从事民事活动，不得违反法律，不得违背公序良俗。本案中，小强收取小丽 10 万元为小丽儿子安排工作的行为是请托行为，严重影响政府、企事业单位招聘秩序，扰乱了公共秩序，违背了公序良俗。违背公序良俗的民事法律行为无效。因此，小强接受小丽的请托为其儿子安排工作的民事法律行为无效，该行为自始至终没有法律约束力。

而“民事法律行为无效、被撤销或者确定不发生效力后，行为人因该行为取得的财产，应当予以返还；不能返还或者没有必要返还的，应当折价补偿。有过错的一方应当赔偿对方因此所受到的损失；各方都有过错的，应当各自承担相应的责任”，因此，小强应当将 10 万元返还给小丽。

关于请求的利息。小丽出资请托他人为其儿子安排工作的行为，违背公序良俗，小丽对该行为无效负有过错，所以小丽应自行承担所受的损失，故对小丽请求的利息不予支持。最终法院判决小强返还小丽 10 万元，但不支持利息。

小强不服提起上诉，二审法院驳回上诉，维持原判。

◆ 相关法条

民法典第八条 民事主体从事民事活动，不得违反法律，不得违背公序良俗。

民法典第一百五十三条 违反法律、行政法规的强制性规定的民事法律行为无效。但是，该强制性规定不导致该民事法律行为无效的除外。

违背公序良俗的民事法律行为无效。

法条释义

民法典第三条至第九条确立了合法权益受保护、平等、自愿、公平、诚实信用、合法、公序良俗、绿色等八项基本原则。所谓基本原则，是民事立法、民事行为和民事司法应遵循的基本依据和准则。民法的基本原则不同于具体的规则，更为概括和抽象，在司法实践中发挥着指导、约束和补充功能。

民法典第八条规定的是合法原则和公序良俗原则。所谓合法原则，即指民事主体不得从事法律明文禁止的民事活动。因为法律不可避免地具有模糊性、不周延性和滞后性，而现实中的案例情节千奇百怪，所以总会有一些民事活动法律虽然没有明文禁止，但仍然不宜实施，如“包二奶”、斡旋行贿、代孕等合同，都应当因违背公序良俗而被认定为无效。可见，公序良俗属于否定法无明文禁止的民事活动合法性的兜底条款。

公序良俗由“公共秩序”和“善良风俗”两个概念构成。公共秩序指社会的存在及其发展所必要的一般秩序，涉及全体成员的共同利益；善良风俗指社会全体所普遍认许、遵循的道德准则。

公序良俗原则可以调节个人利益和社会公共利益、国家利益之间的冲突，维护社会正常的经济和生活秩序，故民事主体从事民事活动不得违背公序良俗的原则贯穿于民法典之始终。第九条规定处理民事纠纷，应当依照法律；法律没有规定的，可以适用习惯，但是不得违背公序良俗；第一百四十三条、第一百五十二条强调违背公序良俗的民事法律行为无效；第九百七十九条规定，如果无因管理的受益人的真实意思违背公序良俗，那么，即使管理人的管理行为违背受益人的真实意思，管理人也有权基于无因管理的规则请求被管理人偿还因管理事务所支出的必要费用，并请求被管理人适当补偿其在管理事务时所遭受的损失；第一千零一十二条、第一千零一十五条规定自然人取名字不得违背公序良俗原则；第一千零二十六条规定在判断新闻报道是否影响他人名誉时应当考虑其内容与公序良俗的关联性。

公序良俗是一个抽象、内涵不确定的法律概念，一个民事法律行为是否违背公序良俗，与评判者的学识、道德观、价值观存在重要关联，故评判民事法律行为是否违背公序良俗时法官具有较大的自由裁量权。例如，自然人将属于自己的财产以遗嘱方式遗赠给婚外情人而不是配偶时，此遗嘱是否有效，可能不同法官会有不同的判断。

总之，公序良俗原则本质上是一根“道德大棒”，如果在司法实践中适用得当，公序良俗将会成为弘扬社会主义核心价值观、维护公共利益的利器；如果适用不当，动辄援引，就会损害民法规则体系的明确性。

友情提示

正如德国大哲学家康德所说，世界上唯有两样东西能让我们的内心受到深深的震撼，一是我们头顶上浩瀚灿烂的星空，一是我们心中崇高的道德法则。民法典赋予了我们无比珍贵的意思自治，但我们要谨慎行使意思自治。对于个人而言，虽然“法无禁止即可为”，但在法无禁止的领域，我们也要遵循公序良俗和心中的道德法则，不可恣意妄为。

女子怀孕期间男友因故身亡，孩子出生后能否请求肇事者赔偿？

案情介绍

小明和小丽自由恋爱多年并同居生活，但尚未办理结婚登记手续。某日，小明在街上行走时被张三驾驶的汽车撞倒，经抢救无效死亡。后经交管部门认定，张三负此次事故的主要责任。

小明发生交通事故死亡时，小丽已怀孕，后来小丽生育了小强，经医学鉴定，小明是小强的亲生父亲。现小丽以小强法定代理人的身份将张三告上法庭，要求张三承担小强的生活费、教育费。

小丽的诉讼请求能否得到法院的支持？（本案来源于中国裁判文书网）

◆ 法院裁判

法院认为，侵害公民身体造成死亡的，加害人应当向被害人一方支付死者生前扶养的人必要的生活费等费用。“死者生前扶养的人”，既包括死者生前实际扶养的人，也包括应当由死者抚养，及因为死亡事故发生，死者尚未抚养的子女。原告小强与小明存在父子关系，是小明应当抚养的人。由于被告张三的加害行为，致小强出生前父亲死亡，使小强不能接受父亲的抚养。本应由小明负担的生活费、教育费等必要费用的二分之一，应由张三赔偿。

◆ 相关法条

民法典第十三条 自然人从出生时起到死亡时止，具有民事权利能力，依法享有民事权利，承担民事义务。

民法典第十六条 涉及遗产继承、接受赠与等胎儿利益保护的，胎儿视为具有民事权利能力。但是，胎儿娩出时为死体的，其民事权利能力自始不存在。

法条释义

我国民法典规定，自然人的权利能力始于出生，终于死亡。民法典第十五条的规定，自然人的出生时间和死亡时间，以出生证明、死亡证明记载的时间为准；没有出生证明、死亡证明的，以户籍登记或者其他有效身份登记记载的时间为准。有其他证据足以推翻以上记载时间的，以该证据证明的时间为准。

可见，我国民法典原则上并不承认胎儿具有民事权利能力，即胎儿没有人格权。但为了保护胎儿的利益，民法对胎儿实行“预先保护主义”，即如果胎儿将来能顺利出生，且“娩出时为活体”，那么法律将其出生时间提前，视胎儿为已出生，使胎儿具有部分民事权利能力，从而得以享有权利；反之，如果胎儿未出生或出生时为死体的，那么胎儿的民事权利自始不存在，相当于这个胎儿从未出生过。

胎儿只在涉及遗产、接受赠与等方面具有部分的民事权利能力，主要包括：（1）继承权；（2）受遗赠和受赠与权；（3）人身损害赔偿请求权；（4）抚养损害赔偿请求权；（5）身份权请求权，如对于其生父享有抚养费给付请求权。上引案例中的小丽向张三请求的赔偿即为抚养损害赔偿请求权。

友情提示

胎儿具有继承、接受赠与等纯获利益的部分民事权利，但具有这些权利的前提是胎儿必须顺利出生。如果遗腹子被堕胎，或者出生时为死体，那上述的权利都不存在。因此，如果要维护胎儿的利益，就必须尊重生命，保证孩子顺利、健康地降临到这个世界。

爸爸意外去世，爷爷奶奶能否和妈妈争夺孩子抚养权？

案情介绍

2012年1月，小明和小丽经人介绍相识，后确立恋爱关系并同居。2013年12月，双方生育一男孩取名小强。2014年1月，小明和小丽驾车与他人发生交通事故，小明当场死亡，小丽受伤构成十级伤残。小丽住院期间，小强由爷爷奶奶和伯父抚养。小丽出院后欲接回小强，被爷爷奶奶拒绝。2014年，小丽起诉至法院，要求判决爷爷奶奶将小强交给自己抚养，小强的抚养费从小明的遗产中支出，由爷爷奶奶向小丽支付。

小丽的诉讼请求能否得到法院的支持？（本案来源于中国裁判文书网）

◆ 法院裁判

法院认为，未成年人的父母是未成年人的法定监护人，依法享有对未成年人的监护权，小丽作为小强的母亲，依法享有对小强的监护权利，任何人不得无故侵犯其监护权。本案爷爷奶奶在小强生身母亲健在的情况下，不具有小强的监护资格，爷爷奶奶拒绝送还小强的行为严重侵犯了小丽的监护权。爷爷奶奶主张小丽有侵害小强合法权益的情形，但未提供足够证据予以证实，故法院未予采信。小丽主张小强的抚养费在小明的遗产中由爷爷奶奶支付属于遗产继承问题，属另一法律关系，小丽可另行起诉。

爷爷奶奶不服一审判决提起上诉，二审法院维持原判，驳回上诉。

◆ 相关法条

民法典第二十七条 父母是未成年子女的监护人。

未成年人的父母已经死亡或者没有监护能力的，由下列有监护能力的人按顺序担任监护人：

（一）祖父母、外祖父母；

（二）兄、姐；

（三）其他愿意担任监护人的个人或者组织，但是须经未成年人住所地的居民委员会、村民委员会或者民政部门同意。

法条释义

本条规定了未成年人的监护人及监护顺序。

未成年人的父母是未成年人的监护人，如果未成年人的父母已经死亡，或者未成年人的父母因生病、残疾等原因没有监护能力，或者未成人的父母因为损害未成人的利益而被剥夺监护权，那么就由下列有监护能力人按顺序担任监护人：

（1）祖父母、外祖父母；

（2）兄、姐；

（3）其他愿意担任监护人的个人或者组织，但是须经未成年人住所地的居民委员会、村民委员会或者民政部门同意。

第三顺序的监护人是“自愿监护人”。自愿监护人的范围没有限制，只要是自愿担任监护人的个人或组织都可以。但因为自愿监护人并非未成年人的核心亲属，所以其要担任未成年人的监护人，必须经未成年人住所地的居民委员会、村民委员或者民政部门的同意。

由此可见，为了最大限度地维护未成年人的合法权益，民法典在确定自愿监护人时给公权机关设定了一定程度介入和监督的义务。

友情提示

在我国不少农村地区，如果孩子父亲意外去世，时常会出现孩子爷爷奶奶和伯叔以孩子是夫家血脉为由，和孩子母亲争夺孩子抚养权的纠纷。虽然就中国传统宗法观念而言，孩子确实属于夫家血脉，孩子爷爷奶奶要求孩子抚养权似乎合乎传统；但现代民法抛弃了中国传统的宗法观念，确定父母是未成年人第一顺序的法定监护人，当孩子父亲因意外去世时，孩子母亲才是孩子第一顺序的法定监护人。因此，除非孩子母亲主动放弃，或者孩子的爷爷奶奶能举证证明孩子母亲没有监护能力或孩子母亲有侵犯孩子合法权益（如虐待）的情形，否则，爷爷奶奶原则上不可能获得孩子的抚养权。

我们能否预先指定自己未来的监护人？

案情介绍

小明和小丽结婚后，育有三子一女。60岁以后，小明感觉自己精神状态和记忆越来越差，担心自己哪一天可能会患老年痴呆症，但他不想让小丽在自己神志不清后作自己的监护人。那么，小明可不可以提前和与自己比较亲近的三儿子小强协商，让小强在自己神志不清后当自己的监护人呢？

◆ 答疑解惑

2017年10月1日《中华人民共和国民法总则》（以下简称民法总则）实施以前，如果小明丧失或部分丧失民事行为能力，只能按照法定顺序确定其监护人：（1）配偶；（2）父母、子女；（3）其他近亲属；（4）其他愿意担任监护人的个人或者组织，但是须经被监护人住所地的居民委员会、村民委员会或者民政部门同意。

2017 年 10 月 1 日民法总则实施之后，小明的监护人就可以不受上述法定顺序的限制，在自己还具有完全行为能力的时候，提前与自己中意的个人或组织事先协商，以书面形式确定自己的监护人，约定在自己丧失或部分丧失民事行为能力时，由该监护人履行监护职责。因此,本案中的小明当然可以提前和三儿子小强协商并签订书面协议，约定自己将来万一患老年痴呆症时由小强来担任自己的监护人。

◆ 相关法条

民法典第二十八条 无民事行为能力或者限制民事行为能力的成年人，由下列有监护能力的人按顺序担任监护人：

（一）配偶；

（二）父母、子女；

（三）其他近亲属；

（四）其他愿意担任监护人的个人或者组织，但是须经被监护人住所地的居民委员会、村民委员会或者民政部门同意。

民法典第三十三条 具有完全民事行为能力的成年人，可以与其近亲属、其他愿意担任监护人的个人或者组织事先协商，以书面形式确定自己的监护人，在自己丧失或者部分丧失民事行为能力时，由该监护人履行监护职责。

《中华人民共和国老年人权益保障法》（以下简称老年人权益保障法）第二十六条 具备完全民事行为能力的老年人，可以在近亲属或者其他与自己关系密切、愿意承担监护责任的个人、组织中协商确定自己的监护人。监护人在老年人丧失或者部分丧失民事行为能力时，依法承担监护责任。

老年人未事先确定监护人的，其丧失或者部分丧失民事行为能力时，依照有关法律的规定确定监护人。

法条释义

民法典第二十八条规定了成年人的法定监护制度，即按以下顺序确定监护人:(1)配偶;(2)父母、子女;(3)其他近亲属;(4)其他愿意担任监护人的个人或者组织,但是须经被监护人住所地的居民委员会、村民委员会或者民政部门同意。

除法定监护外,民法典第三十三条还创设了成年人的"意定监护"制度。即成年人可以在自己还具有完全民事行为能力时,提前与他人或组织进行协商,并以书面形式指定自己未来的监护人,约定在自己丧失或部分丧失民事行为能力时,由该监护人履行监护职责。

成年人意定监护制度使本人可以在还具备完全民事行为能力时,通过委托合同预先为自己能力不足时的生活(尤其是老年)作出安排,以确保年老时的生活符合自己的意愿。如果完全民事行为能力人预先选任了受托人,当自己的行为能力不足以处理日常生活、医疗事务或者财产事务时,受托人就成为自己的监护人,代理本人(被监护人)管理事务。

成年人意定监护制度最早出现于2012年修订的老年人权益保障法第二十六条,适用对象仅限于老年人,2017年民法总则将适用对象由老年人扩大到全部成年人,充分体现和尊重了民事主体的意思自治,民法典完全延续了民法总则的内容。

友情提示

每个人都终将老去,随着生理和心理机能的衰退,许多人都有可能丧失或部分丧失民事行为能力。为确保自己丧失民事行为能力之后的财产处置、生活状态等能最大限度地符合自己的心愿,我们可以在自己还具有完全民事行为能力时就与他人订立书面协议,委托他人在自己丧失或部分丧失民事行为能力时做自己的监护人。

紧急状态下老人和小孩无人照料怎么办?

案情介绍

琪琪今年6岁，父亲是某医院呼吸科的医生，母亲是某医院的护士。2020年1月底，因突发疫情，琪琪父亲赴外地参加抗疫工作，之后，母亲需要被集中隔离14天，但琪琪的爷爷奶奶、外公外婆及其他近亲属均在外地生活，无法帮助照顾琪琪的生活起居。琪琪的父母可以请谁帮忙照顾琪琪呢?

◆ 答疑解惑

民法典第三十四条第四款规定，因发生突发事件等紧急情况，监护人暂时无法履行监护职责，被监护人的生活处于无人照料状态的，被监护人住所地的居民委员会、村民委员会或者民政部门应当为被监护人安排必要的临时生活照料措施。

在上述案例中，因突发疫情公共卫生事件的紧急情况，琪琪的监护人暂时无法照料其生活时，琪琪的父母作为监护人可以请求琪琪住所地的居民委员会、村民委员会或者民政部门提供必要的临时生活照料。

◆ 相关法条

民法典第三十四条　监护人的职责是代理被监护人实施民事法律行为，保护被监护人的人身权利、财产权利以及其他合法权益等。

监护人依法履行监护职责产生的权利，受法律保护。

监护人不履行监护职责或者侵害被监护人合法权益的，应当承担法律责任。

因发生突发事件等紧急情况，监护人暂时无法履行监护职责，被监护人的生活处于无人照料状态的，被监护人住所地的居民委员会、村民委员会或者民政部门应当为被监护人安排必要的临时生活照料措施。

法条释义

本条规定了监护人的职责。监护人的职责主要包括以下内容：

（1）代理被监护人实施民事法律行为；

（2）保护被监护人的人身权利、财产权利以及其他合法权益；

（3）教育被监护人；

（4）监督和管教被监护人；

（5）在被监护人侵害他人时承担侵权责任。

监护人依法履行其监护职责受法律保护，任何组织和个人都不得非法干涉。但监护人也应当认真履行其监护职责，若不履行监护职责或侵害被监护人的合法权益，则监护人应依法承担责任。如对被监护人虐待、遗弃，情节恶劣，构成犯罪的，监护人应当承担刑事责任。监护人不履行或不适当履行监护职责，给被监护人造成财产损失的，应当赔偿损失。在监护人未尽监护职责，侵害被监护人合法权益的情况下，对于不履行监护职责的监护人，法院可以根据有关人员或者有关单位的申请，撤销监护人的资格，另行指定他人担任监护人。

民法典第三十四条新增加了一项紧急监护制度。2020 年新冠肺炎疫情期间，曾经出现过老人与小孩独自在家无人照料的情况。为了避免再次发生这种情况，民法典规定，因发生突发事件等紧急情况，监护人暂时无法履行监护职责，使被监护人的生活处于无人照料状态时，被监护人住所地的居民委员会、村民委员或者民政部门应当为被监护人安排必要的临时生活照料措施。

民法强调意思自治，一般情况下都不要求公权力出场，反而尽量限制公权力出场。在民法领域，公权力不该出场而擅自出场，即属权力越位、乱作为。但在特殊情况下，为弥补私人救济之不足，保障民事主体的合法权益，民法典也会要求公权力出场。当法律赋予公权机关职责时，公权机关不履行职责即属权力缺位、不作为。紧急监护制度赋予被监护人住所地的居民委员会、村民委员会或者民政部门对被监护人的生活进行临时照料的义务，以防止其因无人照料而遭受损害。

民法典新增紧急监护制度，彰显了我国民法的人文关怀精神，也体现了民法与时俱进的时代精神。

友情提示

如果你遇到紧急情况，导致你监护的老人或小孩处于无人照料状态时，可以联系你住所地的居民委员会、村民委员会或民政部门，请他们暂时代为照料。如果他们不履行职责，即属不作为。

监护人能否处分被监护人的财产？

案情介绍

张三患有精神疾病，是限制行为能力人，其妻王丽及唯一的儿子张小明均已去世。张三有个妹妹张英，和李强系夫妻关系。张三现在的监护人是其妻王丽的弟弟王五。

张三名下有一套房屋。2015年8月，王五将张三名下的房屋出售，并用售房所得房款重新购买了另一套房屋，并将该房屋产权登记为王五、张三及自己的妹妹王芳，其中兄妹二人各占49%的份额，张三只占2%的份额。

张英及其丈夫李强知道这件事后，向法院提出变更监护人之诉，申请确定张英和李强为张三的监护人。张英的诉讼请求能否得到法院的支持？（本案来源于中国裁判文书网）

◆ 法院裁判

法院认为，无民事行为能力或者限制民事行为能力的成年人，由下列有监护能力的人按顺序担任监护人：（一）配偶；（二）父母、子女；（三）其他近亲属；（四）其他愿意担任监护人的个人或者组织，但是须经被监护人住所地的居民委员会、村民委员会或者民政部门同意。居民委员会、村民委员会、民政部门或者法院应当尊重被监护人的真实意愿，按照最有利于被申请人的原则在依法具有监护资格的人中指定监护人。监护人应当按照最有利于被监护人的原则履行监护职责。监护人除为维护被监护人利益外，不得处分被监护人的财产。

本案中，王五在担任张三的监护人期间，将张三的房屋出售后，用售房款重新买房登记在其与王芳和张三名下，且张三的份额仅占2%，而王五与王芳对房屋并无出资，显然已侵害到了张三的财产权益，故其已不适合继续担任张三的监护人。

因张三的配偶、父母和子女均已过世，张英和李强作为张三仅有的近亲属要求担任其监护人的请求，本院依法予以支持。

◆ 相关法条

民法典第三十五条 监护人应当按照最有利于被监护人的原则履行监护职责。监护人除为维护被监护人利益外，不得处分被监护人的财产。

未成年人的监护人履行监护职责，在作出与被监护人利益有关的决定时，应当根据被监护人的年龄和智力状况，尊重被监护人的真实意愿。

成年人的监护人履行监护职责，应当最大程度地尊重被监护人的真实意愿，保障并协助被监护人实施与其智力、精神健康状况相适应的民事法律行为。对被监护人有能力独立处理的事务，监护人不得干涉。

民法典第三十六条 监护人有下列情形之一的，人民法院根据有关个人或者组织的申请，撤销其监护人资格，安排必要的临时监护措施，并按照最有利于被监护人的原则依法指定监护人：

（一）实施严重损害被监护人身心健康的行为；

（二）怠于履行监护职责，或者无法履行监护职责且拒绝将监护职责部分或者全部委托给他人，导致被监护人处于危困状态；

（三）实施严重侵害被监护人合法权益的其他行为。

本条规定的有关个人、组织包括：其他依法具有监护资格的人，居民委员会、村民委员会、学校、医疗机构、妇女联合会、残疾人联合会、未成年人保护组织、依法设立的老年人组织、民政部门等。

前款规定的个人和民政部门以外的组织未及时向人民法院申请撤销监护人资格的，民政部门应当向人民法院申请。

法条释义

监护人的职责是代理被监护人实施民事法律行为，保护被监护人的人身权利、财产权利以及其他合法权益等。

监护人应当按照最有利于被监护人的原则履行监护职责。监护人除为维护被监护人利益外，不得处分被监护人的财产。如果被监护人有一定的意思表示能力，则监护人作出与被监护人利益相关的决定时，应当最大限度地尊重被监护人的真实意愿。

如果监护人在监护期间严重损害被监护人利益，则有关个人或组织可以向法院申请撤销监护人资格，并重新指定监护人。

在上述案例中，因为张三的监护人王五非为张三的利益而擅自处分其名下房产，并用售房所得款项重新购买新房，并登记在他人名下，严重损害了张三的合法权益。因此，张英作为张三的近亲属，可以向法院申请撤销王五的监护人资格，并请法院重新指定监护人。

友情提示

监护人非为被监护人的利益，不得擅自处分被监护人财产。因此，如果你有因精神疾病、老年痴呆等原因而成为限制民事行为能力或无民事行为能力的成年人近亲属，那么，在遗产分割、财产处置时，就不能随意处分属于限制民事行为能力或无民事行为能力人的财产，否则将导致合同效力存在瑕疵。

什么是宣告失踪?

案情介绍

小强于2009年外出至今未归，也无法联系到本人。小强的父亲小明于2020年4月向法院申请宣告小强失踪，并指定自己为小强的财产管理人。

小明的诉讼请求能否得到法院的支持?（本案来源于中国裁判文书网）

◆ 法院裁判

法院认为，公民下落不明满二年的，利害关系人可以向法院申请宣告失踪。本案中，小强自2009年离家外出至今未归，失去音讯，已经超过二年时间。其父亲小明作为利害关系人提出宣告失踪的申请，在本院发出寻人公告后，在法定公告期间小强本人未与利害关系人或是本院联系，亦无他人提供其音讯信息，据此，申请人的申请符合宣告失踪的条件，依法应宣告小强失踪。

对其财产代管人，申请人作为小强的父亲，属于法律规定的财产代管人范畴，亦属于小强关系最为密切的亲属关系，申请人应当较他人在管理失踪人财产问题上能更为妥善地处理失踪人的财产，维护其财产权利。因此判决宣告小强失踪，并指定小明为失踪人小强的财产代管人。

◆ 相关法条

民法典第四十条 自然人下落不明满二年的，利害关系人可以向人民法院申请宣告该自然人为失踪人。

民法典第四十一条 自然人下落不明的时间自其失去音讯之日起计算。战争期间下落不明的，下落不明的时间自战争结束之日或者有关机关确定的下落不明之日起计算。

民法典第四十二条 失踪人的财产由其配偶、成年子女、父母或者其他愿意担任财产代管人的人代管。

代管有争议，没有前款规定的人，或者前款规定的人无代管能力的，由人民法院指定的人代管。

法条释义

民法典第四十条规定了宣告失踪制度。宣告失踪是指自然人离开自己的住所下落不明达到法定期限，经过利害关系人申请，法院依照法定程序宣告其为失踪人的一项制度。设立宣告失踪制度的宗旨，是通过法定程序确认自然人失踪的事实，结束失踪人财产无人管理及其应履行的义务不能得到及时履行的非正常状态，从而保护失踪人和利害关系人的利益，维护社会经济秩序的稳定。

根据民法典第四十条的规定，宣告失踪应当具备如下条件：

（1）必须有自然人下落不明满两年的事实。下落不明，是指自然人离开自己最后的住所或经常居住地后没有音讯的状态，并且这种状态呈持续、不间断地存在。关于下落不明的起算时间，民法典第四十一条规定，下落不明的起算时间并不是其离开住所或者居所的时间，而是其失去音讯的时间，如果自然人是战争期间下落不明的，则其下落不明的时间应自战争结束之日或者有关机关确定的下落不明之日起计算。

（2）必须由利害关系人向法院提出申请。因宣告失踪属当事人之间的私人事务，一般不涉及社会公共利益，故法院不得依职权对自然人进行失踪宣告，宣告失踪必须由失踪人的利害关系人提出申请。利害关系人的范围较宽，既包括申请宣告失踪人的配偶、父母、子女、兄弟姐妹、祖父母、外祖父母、孙子女、外孙子女，以及其他与被申请人有民事权利义务关系的人。其他与被申请人有民事权利义务关系人的，如失踪人的合伙人、债权人等。

（3）必须经过法院根据法定程序宣告。法院在收到宣告失踪的申请以后，应当依据《中华人民共和国民事诉讼法》（以下简称民事诉讼法）规定的特别程序，发出寻找失踪人的公告。公告期满以后，仍没有自然人的音讯时，法院才能宣告该自然人为失踪人。

宣告失踪主要是为了结束失踪人财产无人管理的状态，了结其债权债务关系，故自然人被宣告失踪后，须确定其财产的代管人。根据民法典第四十二条的规定，失踪人的财产由其配偶、成年子女、父母或者其他愿意担任财产代管人的人代管。代管人有争议，没有前款规定的人，或者前款规定的人无代管能力的，由法院指定的人代管。

友情提示

如果你的亲属或与你有债权债务关系的人两年以上下落不明，为了维护失踪亲属或你自己的合法权益，请记得及时对失踪人进行宣告失踪。

什么是宣告死亡?

案情介绍

小明与小华系兄弟关系。小华因出生后患小儿麻痹致身体机能和精神状态出现问题，于1986年走失，并于1989年被北京市公安局卢沟桥派出所注销户口。小华走失时未婚。小明、小华的父亲于2002年去世，母亲于2004年去世。父母去世后，小明想把父母名下房产过户至自己名下，因此向法院申请宣告小华死亡。

小明的诉讼请求能否得到法院的支持呢？（本案来源于中国裁判文书网）

◆ 法院裁判

法院受理后，于2019年3月8日在《人民法院报》发出寻找小华的公告。经过一年的法定公告期后，小华仍然下落不明。

法院认为，自然人下落不明满四年的，利害关系人可以向法院申请宣告该自然人死亡。申请人小明主张被申请人小华于 1986 年失踪，于 1989 年被公安机关注销户口，并提交北京市公安局卢沟桥派出所的证明予以佐证。鉴于在法院公告期满后，小华仍下落不明，故判决宣告小华死亡。

◆ 相关法条

民法典第四十六条 自然人有下列情形之一的，利害关系人可以向人民法院申请宣告该自然人死亡：

（一）下落不明满四年；

（二）因意外事件，下落不明满二年。

因意外事件下落不明，经有关机关证明该自然人不可能生存的，申请宣告死亡不受二年时间的限制。

法条释义

本条规定了宣告死亡制度。所谓宣告死亡，是指自然人下落不明达到法定期限，经利害关系人申请，法院经过法定程序在法律上推定失踪人死亡的一项制度。根据本条规定，宣告死亡必须符合以下条件：

第一，自然人下落不明达到法定期限。下落不明的法定期限分为三种情形：（1）一般情形是下落不明满四年；（2）如果因意外事件下落不明时，则需要下落不明满两年；（3）如果因意外事件下落不明，而且经相关机关证明该自然人不可能生存时，则没有时间限制。

第二，必须经利害关系人申请。此处的利害关系人，指的是与被宣告死亡之法律后果具有利害关系的人，范围可以很广。根据最高人民法院《关于贯彻执行〈中华人民共和国民法通则〉若干问题的意见》（已失效）第二十五条的规定，不同利害关系人申请宣告自然人死亡时，有先后顺序之分：配偶是第一顺序，父母、子女第二顺序，其他近亲近属第三顺序，其他利害关系人是第四顺序。如果顺序在先的利害关系人不申请宣告死亡，则顺序在后的利害关系人无权申请。而民法典则没有对各利害关系人申请宣告死亡的顺序作出规定。之所以如此，是因为在司法实践中出现过顺序在先的申请人不申请，导致失踪人长期不能被宣告死亡，造成财产关系长期不能稳定以致于损害其他利害关系人利益的案例。因此，利害关系人申请宣告死亡时，一般情况并不要求先后顺序。

第三，必须要由法院作出宣告。法院受理死亡宣告申请后，应按民事诉讼法规定的特别审理程序发出寻找下落不明人的公告，公告期届满，没有其音讯的，法院才能作出死亡宣告。根据民法典四十八条的规定，被宣告死亡的人，法院宣告死亡的判决作出之日视为其死亡的日期；因意外事件下落不明宣告死亡的，意外事件发生之日视为其死亡的日期。

与宣告失踪制度重在保护失踪人本人利益的立法宗旨不同，宣告死亡制度的立法宗旨在于保护利害关系人的利益，即通过法律推定死亡而终止失踪者的权利义务关系，使因失踪人长期失踪而处于不确定状态的相关财产关系和人身关系确定化，从而维护利害关系人的合法权益。

友情提示

如果与你有债权债务关系的人长期下落不明，为维护自身的法律权益，要记得及时对其申请宣告死亡以维护自身的合法权益哦。

“亡者”归来，如何面对妻离子散？

案情介绍

2002年小明与小丽结婚，育有一子小强。2004年6月5日，小明不辞而别。2008年8月，小丽向其所在地的法院申请宣告小明死亡。2009年8月23日，法院判决宣告小明死亡。2009年11月，小丽将儿子小强送给邻县的张三夫妇收养，卖掉了与小明婚后共同购置的房屋，并将小明婚前购置的一辆小汽车送给了自己的堂弟小华，之后与本村的大强结婚。2010年6月，小明突然回到家乡要求张三夫妇归还孩子，要求小华归还自己的财产。

小明的诉讼请求能否得到法院的支持呢？（本案改编自《检察日报》公开报道的真实案例）

◆ 答疑解惑

本案涉及被宣告死亡的人重新出现后对当事人人身关系和财产关系的影响。根据民法典的规定，小明被宣告死亡后重新出现，会发生如下法律效果：

（1）小丽再婚的事实无法改变，小明与小丽之间的婚姻关系不复存在；

（2）小明可与张三夫妇协商解除收养关系。但如果张三夫妇不愿意解除，小明也无权以收养协议未经本人同意为由而主张收养行为无效；

（3）小明被宣告死亡后，其婚前财产小汽车被小丽继承，小丽又将此小汽车无偿赠与了其堂弟小华。对此，民法典第九百八十八条规定：“得利人已经将取得的利益无偿转让给第三人的，受损失的人可以请求第三人在相应范围承担返还义务。”因此，小明可以要求小华把小汽车返还自己；如果小汽车已经报废，无法返还，则可以要求小华给自己适当补偿。注意是适当补偿而不是赔偿责任，所谓适当补偿，主要是考虑返还义务人取得财产的价值、返还能力以及获得的利益等因素。

◆ 相关法条

民法典第五十一条 被宣告死亡的人的婚姻关系，自死亡宣告之日起消除。死亡宣告被撤销的，婚姻关系自撤销死亡宣告之日起自行恢复。但是，其配偶再婚或者向婚姻登记机关书面声明不愿意恢复的除外。

民法典第五十二条 被宣告死亡的人在被宣告死亡期间，其子女被他人依法收养的，在死亡宣告被撤销后，不得以未经本人同意为由主张收养行为无效。

民法典第五十三条 被撤销死亡宣告的人有权请求依照本法第六编取得其财产的民事主体返还财产；无法返还的，应当给予适当补偿。

利害关系人隐瞒真实情况，致使他人被宣告死亡而取得其财产的，除应当返还财产外，还应当对由此造成的损失承担赔偿责任。

法条释义

宣告死亡的法律效力与自然死亡的效力一致，都会导致妻离子散，家破人亡的法律后果。人亡指自然人被宣告死亡后，人格权消灭，丧失民事权利能力；家破指自然人被宣告死亡后，其财产开始进入继承程序；妻离指自然人被宣告死亡后，原来的婚姻关系自死亡宣告之日起消除；子散指自然人被宣告死亡后，其子女可以被其配偶单方面送养给他人。

但宣告死亡毕竟只是法律推定死亡，不等于自然死亡，所以不排除自然人被宣告死亡后实际上未死亡又重新出现的可能。根据民法典的规定，如果自然人被宣告死亡后又重新出现，将会导致以下的法律效果：

（1）被宣告死亡的人的婚姻关系，自死亡宣告之日起消除。如果其重新出现，原来的婚姻关系一般情况下可以自行恢复。但以下两种情况不能恢复：一是其配偶已经再婚，二是其配偶向婚姻登记机关书面声明不愿意恢复。

（2）被宣告死亡的人的子女被他人依法收养的，如果其重新出现，则除非收养人同意解除收养关系，否则不得以未经本人同意为由主张收养行为无效，所以其要不回自己的孩子。

（3）被宣告死亡的人的财产被继承后，如果其重新出现，则其原来的财产原则上可以要求返还；如果无法返还的，应当给予适当补偿。

友情提示

在通信技术日益便捷的当今社会，“亡者”归来的情形日益罕见，但也不排除偶尔会有这种情况。“亡者”归来时其虽然并未自然死亡，但宣告死亡毕竟是一种严肃的法律程序，自然人一旦被宣告死亡，其法律后果与自然死亡相同，都会导致妻离子散、家破人亡的法律后果，即使其再重新出现，其原来的婚姻关系、亲子关系与财产关系并不会自动恢复到原来的状态，所以一个有责任心的人不应玩“人间消失”，长期不跟自己的近亲属联系。

大股东能否代表公司？

案情介绍

小明创办了一家公司，自己占公司 99％的股份，小强占公司 1％的股份。小明和小强商议决定让小华担任公司的法定代表人。小明作为控股 99％的大股东，能否代表公司对外签订合同呢？

◆ 答疑解惑

在实际生活中，许多人不能完全理解法人人格独立、财产独立、责任独立的特征，会将股东人格和法人人格混同，想当然地认为，小明既然是公司控投 99％的股东，那这公司就是他的，所以他当然可以代表公司对外签合同。这是对法人制度的重大误解。股东是股东，法人是法人，两者不能混同。控股 99％的股东是公司的实际控制人，但并不意味着他可以代表公司。能代表公司的人只能是法定代表人或法人授权的自然人。

因此，如果控股 99％的股东不是公司的法定代表人，则在没有法人合法授权的情况下，他并不能代表公司对外签订合同；当然，如果他既是股东，同时又在公司担任董事长、总经理等重要职务，是法定代表人，那他当然可以代表公司对外签订合同。但此时他之所以能代表公司，并不是因为他的大股东身份，而是因为他的法定代表人身份。股东身份特定，而法定代表人却没有范围限制，只要经过股东会的选任，任何人都可以担任公司的法定代表人。

◆ 相关法条

民法典第五十七条　法人是具有民事权利能力和民事行为能力，依法独立享有民事权利和承担民事义务的组织。

民法典第六十条　法人以其全部财产独立承担民事责任。

《中华人民共和国公司法》（以下简称公司法）第三条　公司是企业法人，有独立的法人财产，享有法人财产权。公司以其全部财产对公司的债务承担责任。

有限责任公司的股东以其认缴的出资额为限对公司承担责任；股份有限公司的股东以其认购的股份为限对公司承担责任。

法条释义

法人是由法律认可的、具有独立法律人格的组织，其与自然人同为独立的民事主体，具有以下特征：

（1）法人人格独立。法人是具有独立名义的社会组织体，具有民事权利和民事行为能力。不能将法人成员（如股东）人格与法人人格混同。

（2）法人财产独立。法人财产与法人成员（如股东）财产不能混同。

（3）法人意思独立。能够依自己的意思行使民事权利、承担民事义务。法人的意思与法人成员（如股东）意思不能混同。

（4）法人责任独立。法人责任与法人成员（如股东）责任不可混同。法人以其全部财产对法人的债务承担责任，故对法人而言承担的是无限责任；而股东则以自己的投资限额承担责任，故对法人成员（如股东）

而言承担的是有限责任。

法人制度具有悠久的历史，在罗马法中即已有法人制度的雏形，并且初步形成了法人人格与法人成员人格分离、法人财产与法人成员财产分离以及法人责任与法人成员责任分离的观念，对后世有深远的影响。公司是最典型的法人，所有的公司都是法人，但并不是所有法人都是公司。

公司制度最重要的意义是在公司责任与股东责任之间设置了一道防火墙，将公司责任与股东责任区别开来。如果没有公司制度，自然人创业一旦失败，就有可能因公司债务而倾家荡产，创业风险极大；而有了公司制度之后，即使创业失败，股东承担的责任只以其当初投入的财产为限，不会波及自己的其他财产，不会导致倾家荡产的惨烈后果，因此能够让人们更加放心大胆地进行创业，从而促进经济的发展。

友情提示

法人人格独立、财产独立、意思独立、责任独立，因此，如果你创办一家公司，一定要注意不能把自己的财产和公司的财产混同，否则，将会导致法人人格与股东人格混同的后果，那时，你将承担的可能不再是股东的有限责任，而是要与法人承担连带责任。

法人解散后不清算会有什么后果?

案情介绍

2010年，小明成立奔腾公司，自己是唯一股东；2014年12月，奔腾公司股东变更为小明和小丽，其中小明持股77.5%，小丽持股22.5%。2019年5月20日，北京市工商行政管理局对奔腾公司作出吊销营业执照的行政处罚。

2015年6月10日，奔腾公司因与小华买卖合同纠纷一案被法院判决给付小华20万元货款。后小华到法院申请强制执行，2018年9月12日，法院因未发现奔腾公司有可供执行的财产，而裁定终止本次执行程序。小华以奔腾公司在营业执照被吊销后未按规定进行清算，还转移、隐匿财产并解散公司，致公司无法清算为由，把小明和小丽起诉到法院，要求小明与小丽对奔腾公司所欠的20万债务承担连带清偿责任。

小华的诉讼请求能否得到法院的支持呢？（本案来源于中国裁判文书网）

◆ 法院判决

法院认为，公司应当在解散事由出现之日起十五日内成立清算组，开始清算。如果有限责任公司的股东因怠于履行义务，导致公司主要财产、账册、重要文件等灭失，导致公司无法进行清算，那么股东对公司的债务应承担连带责任。

本案中，小华系奔腾公司合法债权人。奔腾公司于 2019 年 5 月 20 日被吊销营业执照，小明、小丽作为奔腾公司股东，应自吊销之日起十五日内组织对奔腾公司进行清算，但小明、小丽未履行该义务，系以消极不作为的形式怠于履行股东的清算义务。小明作为公司的执行董事、小丽作为公司的后勤人员，均参与了公司的经营管理，负有妥善保管奔腾公司主要财产、账册、重要文件的义务，现小明、小丽表示奔腾公司财产账册、重要文件等遗失，导致奔腾公司无法进行清算，侵权行为与损害结果之间具有因果联系，小明、小丽应当对奔腾公司债务承担连带责任。故判决小明、小丽对奔腾公司所欠小华的债务承担连带清偿责任。

小明与小丽不服提起上诉，二审法院驳回上诉，维持原判。

◆ 相关法条

民法典第七十条 法人解散的，除合并或者分立的情形外，清算义务人应当及时组成清算组进行清算。

法人的董事、理事等执行机构或者决策机构的成员为清算义务人。法律、行政法规另有规定的，依照其规定。

清算义务人未及时履行清算义务，造成损害的，应当承担民事责任；主管机关或者利害关系人可以申请人民法院指定有关人员组成清算组进行清算。

公司法第一百八十三条 公司因本法第一百八十条第（一）项、第（二）项、第（四）项、第（五）项规定而解散的，应当在解散事由出现之日起十五日内成立清算组，开始清算。有限责任公司的清算组由股东组成，股份有限公司的清算组由董事或者股东大会确定的人员组成。逾期不成立清算组进行清算的，债权人可以申请人民法院指定有关人员组成清算组进行清算。人民法院应当受理该申请，并及时组织清算组进行清算。

《最高人民法院关于适用〈中华人民共和国公司法〉若干问题的规定（二）（2020 修正）》第十八条 有限责任公司的股东、股份有限公司的董事和控股股东未在法定期限内成立清算组开始清算，导致公司财产贬值、流失、毁损或者灭失，债权人主张其在造成损失范围内对公司债务承担赔偿责任的，人民法院应依法予以支持。

有限责任公司的股东、股份有限公司的董事和控股股东因怠于履行义务，导致公司主要财产、账册、重要文件等灭失，无法进行清算，债权人主张其对公司债务承担连带清偿责任的，人民法院应依法予以支持。

上述情形系实际控制人原因造成，债权人主张实际控制人对公司债务承担相应民事责任的，人民法院应依法予以支持。

法条释义

民法典第七十条规定了法人解散时的清算制度。

法人的清算是指清理已解散或破产法人的财产，清结相应的法律关系，从而使法人归于消灭的行为和程序。法人的清算有两种形式：

（1）破产清算。法人被宣告破产之后，依据破产法规定的清算程序进行的清算。

（2）解散清算。指法人因破产以外的原因而被解散后，依据法定程序进行的清算。除法人合并或者分立的情形外，法人解散之后均要依法进行清算，以了结法人的财产及债权债务关系。

法人解散之后进入清算状态，清算状态时法人人格并不消灭，但其民事行为能力受到极大的限制，只能在清算目的范围内进行活动，并需要遵守相应的清算程序。清算组织就是法人在清算期间的意思机关和执行机构，由清算组织代表法人行使职权。清算组织的职权是：对内清理财产，处理法人的有关事务；对外代表法人了结债权债务，在法院起诉和应诉。

清算义务人是指具有担任清算组成员资格的自然人。法人的董事、理事等执行机构或者决策机构的成员为清算义务人；法律、行政法规另有规定的，依照其规定，具体而言：

（1）对于公司而言，有限责任公司解散的，清算组由股东组成；股份公司解散的，清算组由董事或者股东大会确定的的人员组成。

（2）对公益法人而言，如《中华人民共和国慈善法》第十八条规定，慈善组织决策机构属于清算组的组成人员；又如基金会管理条例第十八条规定，基金会在办理注销登记前，应当在登记管理机关、业务主管单位的指导下成立清算组织，完成清算工作。

清算义务人未及时履行清算义务，给法人或者债权人造成损害的，应当承担民事责任。《最高人民法院关于适用〈中华人民共和国公司法〉若干问题的规定（二）（2020年修正）》第十八条对责任承担的情形进行了细化。

友情提示

中国人向来崇尚善始善终。法人作为一种法律拟制的民事主体，其成立需要一定程序，其注销也需要一定的程序。如果你有创业成立公司的打算，不仅要在成立时按法定程序设立公司，而且万一创业失败要注销公司时也要按法定程序进行清算。如果不履行法定清算义务随意注销公司，就有可能不仅要承担股东的有限责任，而且有可能要对法人的债务要承担连带清偿责任。

借名买房协议是否合法有效？

案情介绍

小明在北京打拼数年，有了一些积蓄，想在北京购买一套商品房。但因北京的限购政策，小明没有北京购房资格。因此，小明与北京亲戚小丽签订了一份书面借名买房协议。协议约定由小明出资在北京购买一套商品房，房产登记在小丽名下，由小明实际居住使用。协议还约定当小明具有北京购房资格后，小丽应配合小明办理过户手续，把房屋过户至小明名下，过户所需费用由小明自行承担，在小丽代持期间，小明每年支付一笔费用给小丽。

小明与小丽之间的这份借名买房协议是否有效呢？

◆ 答疑解惑

不少人可能会认为，小明与小丽之间的这份借名买房协议规避了北京的限购政策，属于钻政策的空子，因此应当无效。但实际上这份协议是小明和小丽的真实意思表示，而且没有违反法律和行政法规的禁止性规定，所以协议一般而言合法有效。民法以“意思自治”为原则，仅仅因为规避限购政策、“钻政策的空子”并不一定会导致合同无效。

但需要注意的是，借名买房协议有效并意味着协议所涉及的这套房产就一定归小明所有。合同效力的判断是债权问题，只要行为人具备相应的行为能力，意思表示真实且内容不违反法律、行政法规的强制性规定，则此合同一般有效；但房屋的归属却是物权问题，房屋归谁所有只能依照法律规定。房屋的权属登记具有公示、公信效力，因此除非有相反证据，否则原则上房屋就归房产证记载的人所有。

因此，如果小明以合法有效的借名买房协议和实际付款凭证为据，到法院提起确权之诉，要求法院确认协议涉及的房屋归自己所有，则法院不会支持小明的诉讼请求。

反之，由于借名买房协议有效，因此，如果协议约定小丽配合小明办理过户手续的条件具备后，小丽却以房产证上的房主是自己而拒不配合小明办理过户时，小明可以到法院提起给付之诉，要求小丽履行合同，把房屋过户给自己。这种情况下，法院一般会支持小明的诉讼请求。但小明最终能否取得此房屋的所有权，取决于其本人是否已具备购房资格。如果小明有购房资格，缴纳相应的契税之后，小明可以取得该房屋的所有权；但如果小明不具备购房资格，则可能存在因为房屋无法办理过户而导致履行不能的风险。

最后，因房产登记在小丽名下，如果小丽在小明不知情的情况下，将房屋卖给了不知道存在借名买房协议的第三人（善意第三人），并且已办理过户登记，则小明无权主张小丽与第三人之间签订的房屋买卖合同无效，也不能要求第三人归还房产，而只能要求小丽赔偿损失。

◆ 相关法条

民法典第一百四十三条 具备下列条件的民事法律行为有效：

（一）行为人具有相应的民事行为能力；

（二）意思表示真实；

（三）不违反法律、行政法规的强制性规定，不违背公序良俗。

法条释义

本条规定了民事法律行为有效的三个要件：

（1）行为能力要件。要求行为人要具备相应的民事行为能力。因此，无民事行为能力人实施的民事法律行为无效；限制民事行为能力人实施的超出其民事行为能力的民事行为属于效力待定的民事法律行为。

（2）意思表示要件。要求民事法律行为必须是行为人真实的意思表示。如果行为人的意思表示有瑕疵，则其实施的民事法律行为的效力就有瑕疵。意思表示有瑕疵分为两种情况，一是意思表示不真实，指行为人意思表示内容不是其内心真正的意思，行为人与相对人以虚假的意思表示实施的民事法律行为无效；二是意思表示不自由，是指行为人因受外界因素的影响而不能自由地进行意思表示，外界因素主要指受欺诈、受胁迫、重大误解和显失公平四种情况，因意思表示不自由而实施的民事法律行为属于可撤销的民事法律行为。

（3）内容要件。要求民事法律行为的内容不违反法律、行政法规的强制性规定。在我国的法律体系中，效力最高的是宪法，第二位阶是全国人民代表大会及其常务委员会制定的法律，第三位阶是中央人民政府即国务院制定的行政法规，第四位阶是地方性法规、部门规章和地方政府规章。政府发布的各种红头文件则不属于法律的范围，只属于规范性文件。民法只要求不违反法律、行政法规的强制性规定，并不包括地方性法规、部门规章或政府规章，更不包括政府的规范性文件。像各地政府发布的限购政策，并非法律、行政法规，也不是地方性法规或规章，只是一种政策规范性文件，所以，即便当事人确实有规避政策、钻政策空子的动机，也并不绝对导致借名买房协议的无效。

民法之所以将违法的范围严格限制在法律、行政法规的强制性规定之内，是为了最大限度地贯彻民法的自愿原则，维护当事人的意思，促进市场经济的活力，鼓励各种商业创新。

友情提示

在我国现行法律体系中，全国人大及其常委会制定的法律共有274部(截至2021年1月1日)，国务院制定的行政法规有600多件，各种地方性法规、部门规章和地方政府规章有12000多件。只有违反这274部法律和600多件行政法规中的强制性规定才会导致合同无效，而违反这12000多件地方性法规、部门规章和地方政府规章并不一定会导致合同无效。但需要注意的是，在特殊情况下，法院也有可能以违反公序良俗原则为由，认定此类合同无效。

精神病人签订的合同是否有效？

案情介绍

2012年11月10日，小王、小丽与小明签订了房屋买卖合同一份，约定小明将自己从A地产公司购买的房产转卖给小王和小丽，价格为20万元。小王和小丽在2012年11月10日将首付款一次付清，剩余款项银行按揭按月支付。2013年2月，小王、小丽代小明向A地产公司接收案涉房产，按约定以小明的名义偿还房贷，并对房屋装修后对外出租。

2019年6月3日，小明又与小张签订房屋买卖合同一份，约定将案涉房产卖给小张，价格36万元。2019年6月5日，小张以银行转账的方式向小明转款两次共计10万元。小明与小张以该合同作为办理案涉房屋产权过户手续的备案合同，该合同现存于不动产登记中心。2019年6月13日，自然资源和规划局向小张出具了不动产权证书，案涉房屋登记在小张名下。小王和小丽得知小明处分案涉房屋后，向法院提起诉讼，要求法院确认小明与小张签订的房屋买卖合同无效，并判令小明履行2012年11月10日与小王、小丽签订的房屋买卖合同内容，按约定向小王、小丽办理房屋产权过户手续。

小王、小丽的诉讼请求能否得到法院的支持呢？（本案来源于中国裁判文书网）

◆ 法院裁判

在诉讼过程中，小王、小丽申请对小明的精神状态或民事行为能力进行司法鉴定。经法院委托，司法鉴定所于2020年7月28日对小明出具司法鉴定意见书，鉴定意见书显示小明2019年6月5日出售案涉房屋时的精神状态为心境障碍，出售房屋时的民事行为能力为限制民事行为能力人。

经法院查明，小明于2014年与妻子离婚，其女尚未成年，小明的父母对小明2019年6月5日出售案涉案房屋的行为均不追认。

法院认为，2012年11月10日，小明与小王、小丽就案涉房屋签订的房屋买卖合同，行为人均具有相应的民事行为能力，系行为人的真实意思表示，未违反法律法规的强制性规定。故小明与小王、小丽于2012年11月10日签订的房屋买卖合同有效，该合同对小明和小王、小丽均具有法律约束力，双方均应按约定履行各自的义务。

而小明于2019年6月5日与小张签订房屋买卖合同时，系限制民事行为能力人，且其出售案涉房屋时未获得法定监护人追认，故而无效。

关于小王、小丽主张小明按约定办理案涉房屋过户手续的诉讼请求。一般情况下，房屋买卖合同系房屋物权变动的原因，买受人履行完毕房屋买卖合同约定的义务后，才能主张出卖人办理相应的产权变更手续，从而实现房屋买卖合同的目的。在本案中，小王、小丽在其诉状中称其尚未全部清偿完毕案涉房屋的款项，故两人主张小明办理房产过户的条件尚未成就；就同一房产，现已登记在小张名下，两人主张小明就该房产办理过户登记，暂时属履行不能。故对小王、小丽的该项诉讼请求，法院未予支持。

◆ 相关法条

民法典第十九条 八周岁以上的未成年人为限制民事行为能力人，实施民事法律行为由其法定代理人代理或者经其法定代理人同意、追认；但是，可以独立实施纯获利益的民事法律行为或者与其年龄、智力相适应的民事法律行为。

民法典第二十二条 不能完全辨认自己行为的成年人为限制民事行为能力人，实施民事法律行为由其法定代理人代理或者经其法定代理人同意、追认；但是，可以独立实施纯获利益的民事法律行为或者与其智力、精神健康状况相适应的民事法律行为。

民法典第一百四十五条 限制民事行为能力人实施的纯获利益的民事法律行为或者与其年龄、智力、精神健康状况相适应的民事法律行为有效；实施的其他民事法律行为经法定代理人同意或者追认后有效。

相对人可以催告法定代理人自收到通知之日起三十日内予以追认。法定代理人未作表示的，视为拒绝追认。民事法律行为被追认前，善意相对人有撤销的权利。撤销应当以通知的方式作出。

法条释义

民法典将限制民事行为能力人的年龄由原《中华人民共和国民法通则》（以下简称民法通则）规定的十岁调整至八岁，八岁至十八岁以及不能完全辨认自己行为的成年人属于限制民事行为能力人。十六周岁以上的未成年人，以自己的劳动收入为主要来源的，视为完全民事行为能力人。

限制民事行为能力人可以独立实施纯获利益的民事法律行为或者与其年龄、智力、精神健康相适应的民事法律行为。

限制民事行为能力人实施的超出其年龄、智力、精神健康的民事法律行为属于效力待定的民事法律行为。效力待定有以下几层含义：

（1）相对人可以催告限制民事行为能力人的法定代理人自收到通知之日起三十日内予以追认，限制民事行为能力人的法定代理人追认，则该民事法律行为自始有效；限制民事行为能力人的法定代理人在三十日内拒绝追认或未作任何表示，则该民事法律行为无效。

（2）民事法律行为被追认前，善意相对人有权撤销此民事法律行为，一旦善意相对人撤销，此民事法律行为自始无效；且限制行为能力人的法定代理人丧失追认的权利。

友情提醒

如果你或你的亲戚朋友有精神异常的家庭人员，则需要注意不能让其自己处分其名下的财产，否则其处分行为可能因为欠缺民事行为能力而无效。同时，如果你是限制民事行为能力人的法定代理人，也不能擅自处分限制民事行为能力人的财产，要想合法处理限制民事行为能力人的财产，就必须先通过司法程序确定行为人的行为能力状况；其次，只有为被监护人利益才能处置被监护人的财产。

哪些合同可能会被撤销？

案情介绍

A珠宝公司销售珠宝过程中进行购物抽奖活动。2017年8月5日，小明在A珠宝公司店内购物后进行抽奖，A珠宝公司告知小明抽中了一等奖，而且他是第一个一等奖中奖幸运者，可以免费获得3件上等翡翠，只需按翡翠单价收取10%的加工费即可。

小明就在A珠宝公司挑选了商品编号分别为9300、9612、8755的三件翡翠挂件，标价分别为人民币38890元、24590元、28990元，合计人民币92470元。A珠宝公司对小明说，如果他未中一等奖，上述翡翠挂件只能6.8折买，需花费6万余元。听了A珠宝公司宣传后，小明向A珠宝公司支付10%加工费即人民币9247元后，买走了这三件翡翠挂件。A珠宝公司向小明出具的销售票据中注明“中一等奖收加工费10%”“上等翡翠”“假一赔十”等内容。小明担心被骗，对抽奖、购买翡翠挂件的过程进行了录像。

后来小明到广州多家珠宝店和典当行咨询和鉴定，发现这三件所谓上等翡翠是机器压的最次的下脚料货色，不值钱。小明因此起诉A珠宝公司，要求A珠宝公司退回购物款9247元，并按“假一赔十”赔偿小明人民币92470元以及车旅费、鉴定费等费用。

小明的诉讼请求能否得到法院的支持呢？（本案来源于中国裁判文书网）

◆ 法院裁判

法院受理本案后，经小明申请，法院委托了具备相关资质的珠宝艺术品资产评估有限公司对小明所购买的三件翡翠挂件进行了评估。评估结论为：三件翡翠挂坠在评估基准日2017年8月5日的国内珠宝零售市场价值合计人民币2200元。

法院认为，一方以欺诈手段，使对方在违背真实意思表示情况下实施的民事法律行为，受欺诈方有权请求法院或仲裁机构予以撤销。按照《中华人民共和国消费者权益保护法》（以下简称消费者权益保护法）的规定，经营者提供商品或者服务有欺诈行为的，应当按照消费者要求增加其受到的损失，增加赔偿的金额为消费者购买商品的价款或者接受服务费用的三倍；增加赔偿的金额不足五百元的，为五百元。

本案中，小明所购珠宝的标价远远高于该珠宝市场零售价格，A珠宝公司通过虚构商品市场零售价格，再以设置抽奖赠送手段，使消费者陷入错误认识购买商品，从而达到变相收取消费者远高于商品市场零售价格货款的目的，对消费者进行欺诈。小明主张退还货款、赔偿损失有事实和法律依据，A珠宝公司应退还小明货款，并赔偿小明购买价款三倍的损失。小明主张按所购商品货款十倍计算损失，因上述交易发生在普通消费产品领域，小明的该主张没有法律依据，法院不予支持。

A 珠宝公司辩称小明是以起诉牟利为目的，不属于法律法规所保护的消费者，但 A 珠宝公司对该辩解并未提交充足的证据予以证明，法院对该辩解不予采纳。小明主张因维权产生的鉴定费用，有事实和法律依据，法院予以支持。小明主张因维权产生的车旅费、住宿费及误工费等，缺乏充足证据，法院不予支持。

◆ 相关法条

民法典第一百四十七条 基于重大误解实施的民事法律行为，行为人有权请求人民法院或者仲裁机构予以撤销。

民法典第一百四十八条 一方以欺诈手段，使对方在违背真实意思的情况下实施的民事法律行为，受欺诈方有权请求人民法院或者仲裁机构予以撤销。

民法典第一百四十九条 第三人实施欺诈行为，使一方在违背真实意思的情况下实施的民事法律行为，对方知道或者应当知道该欺诈行为的，受欺诈方有权请求人民法院或者仲裁机构予以撤销。

消费者权益保护法第五十五条 经营者提供商品或者服务有欺诈行为的，应当按照消费者的要求增加赔偿其受到的损失，增加赔偿的金额为消费者购买商品的价款或者接受服务的费用的三倍；增加赔偿的金额不足五百元的，为五百元。法律另有规定的，依照其规定。

经营者明知商品或者服务存在缺陷，仍然向消费者提供，造成消费者或者其他受害人死亡或者健康严重损害的，受害人有权要求经营者依照本法第四十九条、第五十一条等法律规定赔偿损失，并有权要求所受损失二倍以下的惩罚性赔偿。

民法典第一百五十条 一方或者第三人以胁迫手段，使对方在违背真实意思的情况下实施的民事法律行为，受胁迫方有权请求人民法院或者仲裁机构予以撤销。

民法典第一百五十一条 一方利用对方处于危困状态、缺乏判断能力等情形，致使民事法律行为成立时显失公平的，受损害方有权请求人民法院或者仲裁机构予以撤销。

法条释义

民法典第一百四十七条到一百五十一条规定了当事人可以申请撤销民事法律行为的四种情形：重大误解、欺诈、胁迫、显失公平。

根据民法通则的规定，欺诈、胁迫或乘人之危使对方在违背真实意思的情况下实施的民事法律行为无效；行为人对行为内容有重大误解或显失公平属于可变更、可撤销的民事法律行为。

而到1999年颁布实施的合同法中，一方以欺诈、胁迫的手段订立的合同不再是一律无效，只有损害国家利益时才无效；民法典则将因重大误解、欺诈、胁迫、显失公平而实施的民事法律都归入可撤销的民事法律行为，取消了民法通则中的可变更民事法律行为，体现了对当事人意思自治的充分尊重。

可撤销民事法律行为有两层含义：

（1）“可撤销”意味着当事人具有撤销权。如果当事人认为自己因为重大误解、欺诈、胁迫或显失公平而实施了民事法律行为，当事人就必须主动维护自己的权利，积极在法定期限内向仲裁机构或法院申请撤销此民事法律行为，只要法院确认此民事法律行为无效，则此民事法律行为自始无效。

（2）“可撤销”意味着公权力不会主动干预。如果当事人不在法定期限内行使撤销权，则他将永远丧失撤销权，此民事法律行为自始有效。

可见，从民法通则“可变更、可撤销民事法律行为”法定情形到民法典“可撤销民事法律行为”法定情形的变化，再次体现了民法意思自治的精神，即当事人必须积极主动地主张自己的权利，权利可以自由处分，当然也可以放弃；如果当事人因重大误解、被欺诈、被胁迫等原因实施民事法律行为后利益受损，却怠于行使法律赋予的撤销权，则不利法律后果应由自己承担，国家不会主动干预。

友情提示

如果你因为重大误解、被欺诈或被胁迫或显失公平，而跟他人签订了一个合同，请记得及时到仲裁机构或法院申请撤销此合同以维护自己的合法权益。

违反法律强制性规定的协议都无效吗？

案情介绍

2016年4月25日，小明与A地产公司签订内部认购合同一份，约定小明认购A地产公司的商品房一套，购房总价为人民币172万元。A地产公司给予小明内部七折优惠价格，优惠后总价120.4万元。合同签订当日，小明向A地产公司缴纳了120.4万元的购房款，A地产公司向小明出具了收据。

2016年8月3日，当地住房保障和房屋管理局对涉案项目进行检查，发现该项目未办理销售手续，涉嫌无证销售，遂于同年8月9日作出处理决定，责令A地产公司停止一切销售行为及和房屋销售相关的广告宣传活动；立即进行企业经营整改，并对违规销售的房屋逐一清退；尽快办理相关建审手续。后A地产公司仍未办理商品房预售许可证。2018年2月12日，A地产公司以涉案房屋未取得商品房预售许可证为由将小明起诉至法院，请求确认双方签订的内部认购合同无效。

A地产公司的诉讼请求能否得到法院的支持？（本案来源于中国裁判文书网）

◆ 法院裁判

本案一审法院根据《最高人民法院关于审理商品房买卖合同纠纷案件适用法律若干问题的解释》第二条“出卖人未取得商品房预售许可证明，与买受人订立的商品房预售合同，应当认定无效，但是在起诉前取得商品房预售许可证明的，可以认定有效”之规定，确认小明与A地产公司之间的内部认购合同无效。

小明不服提起上诉。二审法院认为，小明在签订认购合同当日即支付了全额购房款，A地产公司在自身合同目的已经实现情形下，非但不积极履行应尽的合同义务，面对房地产市场出现价格大幅上涨，反而主张合同无效的做法，显然违背诚实信用原则。

其次，A地产公司作为房地产开发企业，对房屋预售所需符合的条件应当是清楚的，对自身不办理商品房预售许可证即预售商品房行为的违法性应当是明知的。现A地产公司以自身原因造成的违法事实为由提起诉讼，真正目的在于获取超出合同预期的更大利益，A地产公司的行为显然与社会价值导向和公众认知相悖。为弘扬社会主义核心价值观，彰显司法公正，对此种行为不应予以支持。

最后，A地产公司签约时未取得商品房预售许可证，虽然违反了有关“商品房预售应当取得商品房预售许可证明”的规定，但是并不必然导致其签订认购合同的民事法律行为无效。因此二审法院最终判决确认此合同有效，驳回了A地产公司的诉讼请求。

◆ 相关法条

民法典第一百五十三条 违反法律、行政法规的强制性规定的民事法律行为无效。但是，该强制性规定不导致该民事法律行为无效的除外。

违背公序良俗的民事法律行为无效。

《中华人民共和国城市房地产管理法》（以下简称城市房地产管理法）第四十五条 商品房预售，应当符合下列条件：

（一）已交付全部土地使用权出让金，取得土地使用权证书；

（二）持有建设工程规划许可证；

（三）按提供预售的商品房计算，投入开发建设的资金达到工程建设总投资的百分之二十五以上，并已经确定施工进度和竣工交付日期；

（四）向县级以上人民政府房产管理部门办理预售登记，取得商品房预售许可证明。

《最高人民法院关于审理商品房买卖合同纠纷案件适用法律若干问题的解释》第二条 出卖人未取得商品房预售许可证明，与买受人订立的商品房预售合同，应当认定无效，但是在起诉前取得商品房预售许可证明的，可以认定有效。

法条释义

民法是私法，充分尊重民事主体的意思自治，因此，只要民事法律行为是当事人之间的真实意思表示，除非违反法律行政法规的强制规定，否则不宜轻易否认民事法律行为的效力。根据民法典的规定，导致民事法律行为无效的情形主要包括以下几种：

（1）行为人欠缺行为能力。无民事行为能力人实施的民事法律行为无效。

（2）意思表示虚假。行为人与相对人以虚假的意思表示实施的民事法律行为无效。

（3）内容违反法律、行政法规的强制性规定。

（4）内容违背公序良俗。

（5）恶意串通损害他人合法权益。行为人与相对人恶意串通损害他人合法权益的民事法律行为无效。

民法典第一百五十三条是有关违反法律、行政法规的强制性规定可能会导致民事法律行为无效的规定，具有三层含义：

第一，违反的必须是法律或行政法规。需要注意的是，这里的法律是指狭义的法律，即由全国人大或全国人大常委会制定的法律，行政法规则由国务院制定。这意味着，仅违反地方性法规或部门规章并不一定会导致民事法律行为无效。

第二，违反的必须是法律或行政法规中的强制性规定。法律有任意性规定或强制性规范，所谓任意性规范，是指在法定范围内允许当事人自己确定相互权利义务的具体内容的法律规范；所谓强制性规范是指必须依照法律适用、不能以个人意志予以变更和排除适用的规范。这意味着，即使违反了法律、行政法规的规定，但如果违反的是法律、行政法规中的任意性规定也不会导致民事法律行为无效。

第三，违反的必须是法律、行政法规中强制性规定的效力性规定。法律的强制性规定有些属于管理性规定，有些属于效力性规定。仅违反法律、行政法规中强制性规定的管理性规定，并不必然导致民事行为无效，只有违反了法律、行政法规中强制性的效力性规定，才会导致民事行为必然无效。

在本案例中，小明与A地产公司之间签订的内部认购合同显然违反了城市房地产管理法第四十四条“商品房预售应当取得商品房预售许可证明”的规定，城市房地产管理法属于法律，应当也属于强制性规定；但却并不必然导致双方之间的合同无效。因为此强制性规定属于管理性规定，本条的立法宗旨，在于加强对商品房预售的管理，即要求房地产开发商必须具备一定要件，才能向消费者预售房屋，从而最大程度地保护消费者的权益。本案中的A地产公司在房价大涨的情况下反而以自己违法为由来主张双方之间签订的合同无效，显然违背民法的诚实信用原则，也背离了民法设立合同无效制度的初衷，因此二审法院才纠正了一审法院判决，确认双方签订的合同有效。

友情提示

民法充分尊重每个人的意思自治，这就提醒我们必须慎重对待我们的每一次意思表示。饭可以乱吃，但话不能乱说，字更不能乱签。一诺千金，落子无悔。在民法领域，只要是“你情我愿”，又没有违反法律、行政法规的强制性规定，法律不会轻易否认任何一个民事法律行为的效力。

无权代理的法律后果是什么?

案情介绍

2013年11月至2014年3月期间，小明跟多人借款共几百万元，中盛投资担保公司为小明的上述借款提供了担保，小明以自己名下的01号房产与中盛投资担保公司签订了抵押合同，并办理了抵押登记。

2013年10月11日，小明与中盛投资担保公司职员小丽签订委托书，并办理了公证，委托书的主要内容是小明委托小丽作为其代理人，代理小明全权处置其名下的01号房产。

2014年10月17日，小明自己将01号房产卖给他人，价格为360万元；2014年12月2日，小明出具声明书，声明终止对小丽的委托，并且对此声明进行了公证。随后，小明让其妹妹致电告知小丽撤销对其委托的情况。

2015 年 3 月 25 日，小丽以小明委托人的身份与 A 公司签订房屋买卖合同，将 01 号房产卖给 A 公司，价格 360 万元，并且在第二天办理了网上签约登记手续。A 公司的法定代表人大强向小丽先后支付了 360 万元，并将 01 号房屋产权过户登记至 A 公司名下，但小丽未将该房款支付给小明。

小明将小丽及 A 公司起诉至法院，要求确认小丽代小明与 A 公司签订的房屋买卖合同无效。

小明的诉讼请求能否得到法院的支持呢？（本案来源于中国裁判文书网）

◆ 法院裁判

本案案情复杂，经过了多次审理。争议的焦点主要有两方面：（1）小丽在小明终止委托后继续代理小明出售 01 号房屋是否构成无权代理？（2）A 公司法定代表人大强之前与小丽认识，两人所签合同是否构成恶意串通？

一审判决确认小丽构成无权代理，其代理小明与 A 公司签订的房屋买卖合同无效。A 公司不服判决提出上诉，二审法院认为本案有其他事实未查清，裁定发回重审。

发回重审后，一审法院认为：（1）小明既然以公证形式终止对小丽的委托，那么终止委托的公证文书应及时送达小丽，否则其后果应由小明自行承担。因小明未直接通知小丽终止委托，而且不能提供证据证明小丽已收到公证书，所以小丽继续代理小明出售 01 号房屋并不构成无权代理；（2）A 公司的法定代表人大强虽然与小丽相识，但该情况不能证明两者存在恶意串通行为。因此驳回小明的诉讼请求。小明不服提起上诉。

二审法院认为：（1）小丽是否构成无权代理，关键在于认定小丽对小明撤销委托事实是否知情。首先，小明已经通过公证的方式撤销了对小丽的委托，虽无直接证据证明小明亲自通知过小丽，但录音证实小明妹妹已将撤销委托的事实以电话方式告知过小丽。小丽对此已经知晓，如有异议应该予以核实，并在核实的基础上采取谨慎态度实施受托行为。其次，小明提供的录音还证明小丽与大强参与了录音过程。因此，法院认定小丽在与A公司签订房屋买卖合同时对小明撤销委托事实已经知晓。（2）小丽与A公司是否构成恶意串通。法院认为，首先，小丽在中盛投资担保公司任职，而大强出现在中盛投资担保公司网站的宣传照片中（与公司人员合影），可见大强与小丽、中盛投资担保公司有关联关系。其次，小丽表示其受中盛投资担保公司指派担任小明的受托人，并在小明不能偿还借款时依据公司指示将房屋出售，而涉诉房屋原抵押权人也是中盛投资担保公司的员工，所以中盛投资担保公司与本案事实存在一定关联性。再次，录音显示大强对小明已经撤销对小丽之委托一事明知。因此，大强在对小丽丧失代理权明知的情况下，仍然让A公司与小丽就01号房屋签订买卖合同，存在恶意串通的故意。因此确认小丽代理小明与A公司签订的房屋买卖合同无效。

◆ 相关法条

民法典第一百七十一条　行为人没有代理权、超越代理权或者代理权终止后，仍然实施代理行为，未经被代理人追认的，对被代理人不发生效力。

相对人可以催告被代理人自收到通知之日起三十日内予以追认。被代理人未作表示的，视为拒绝追认。行为人实施的行为被追认前，善意相对人有撤销的权利。撤销应当以通知的方式作出。

行为人实施的行为未被追认的，善意相对人有权请求行为人履行债务或者就其受到的损害请求行为人赔偿。但是，赔偿的范围不得超过被代理人追认时相对人所能获得的利益。

相对人知道或者应当知道行为人无权代理的，相对人和行为人按照各自的过错承担责任。

法条释义

本条规定了无权代理及其后果,是民法代理制度的一项重要内容。

所谓无权代理,是指代理人不具有代理权、超越代理权或者代理权终止后仍然实施的代理行为。其构成要件包括两方面:

(1)无权代理必须以代理为前提,即要求无权代理人必须以被代理人的名义作出民事行为。如果无权代理人不是以被代理人名义而是以自己名义作出民事行为,就不是无权代理而是无权处分。

(2)无权代理主要包括三种情形:第一,行为人自始没有代理权,包括被代理人没有作出代理授权行为、代理授权行为无效或被撤销、被代理人和行为人之间的基础关系无效或被撤销等情形;第二,行为人有代理权但超越代理权,如委托人授权律师代理案件,但没有授权律师自作主张调解,律师却自作主张与对方当事人进行了调解;第三,行为人在代理权终止后继续作出代理行为。

无权代理的法律后果是:只要未经被代理人追认,就不发生代理的法律后果。

本条第二款将无权代理行为规定为效力待定的民事法律行为,具体规则是:

(1)被代理人有追认权。一旦被代理人追认,代理行为即为有效,发生代理的法律后果;

(2)相对人享有催告权。如果无权代理行为的相对人欲使其有效,可以催告被代理人在三十日内予以追认,被代理人拒绝追认或未作表示的,代理行为不发生效力;

(3)善意相对人的撤销权。善意相对人如果不承认该代理行为,须在被代理人追认之前以通知的方式行使撤销权,一旦撤销,该代理行为无效。

民法典在原有民法通则、合同法的基础上,规定了两种无权代理的民事责任：

（1）无权代理人实施的代理行为未被追认，善意相对人可以有两种权利救济途径：第一，如果无权代理人具有履行能力，可以主张让无权代理人履行义务；第二，如果无权代理人没有履行能力，则可以要求无权代理人承担赔偿责任，赔偿范围不得超过被代理人追认时相对人所能获得的利益。

（2）相对人知道或应当知道行为是无权代理造成被代理人权益损害的，相对人和无权代理人应当按照各自的过错承担按份责任。

友情提示

当我们委托他人作为我们的代理人替我们办事时，委托权限必须清晰明确，委托必须要有明确的期限，以免他人以我们的名义实施民事法律行为，从而导致我们的利益受到损害。

表见代理的法律后果是什么？

案情介绍

华南城商场系华南城公司开发的大型商场，小明通过华南城公司招商进入华南城商场从事机电经营，与华南城五鑫机电 E1 区某幢商铺的业主签订了房屋租赁合同，租期为三年。2014 年 7 月 23 日至 2017 年 7 月 22 日，小华是华南城公司员工，在华南城公司负责招商主管岗位工作。2016 年 6 月 7 日，小华收取了小明商铺保证金 5000 元及租金，并给小明出具了收据。小华在经办人处签名，在单位盖章处加盖了“华南城五金机电 E 区商会财务专用章”。后来，华南城公司向小明退还了租金，但一直未退还 5000 元的保证金。小明遂将小华、华南城公司起诉至法院，要求两者返还其 5000 元的保证金及利息。

小明的诉讼请求能否得到法院的支持呢？（本案来源于中国裁判文书网）

◆ 法院裁判

法院认为，因他人没有法律根据，取得不当利益，受损失的人有权请求其返还不当利益。现小明提交的收据能证实小华收取小明保证金 5000 元，但小华未提供证据证明其收取该款项的合法性，故法院认定小华收取的保证金属于不当得利款，小华、华南城公司依法应当予以返还。

本案争议焦点为小华收取小明保证金的行为对华南城公司是否构成表见代理。所谓表见代理，是指行为人虽然没有代理权，但善意相对人客观上有充分的理由相信行为人具有代理权，而与其进行民事法律行为，该民事法律行为的后果直接由被代理人承担。本案中，小华作为华南城公司的员工，负责华南城的招商工作，在其无代理权而以华南城公司的名义收取小明的保证金，从一般人的认知能力、生活常识及交款时应尽的注意义务而言，小明作为租赁商户，已尽到该义务，其主观上为善意且无过失。小明有理由相信小华有代理权，小华无权代理行为产生的结果，应由华南城公司承担。关于华南城公司认为保证金系小华个人收取，应由小华承担责任的答辩意见，法院不予采纳，故判决华南城公司于判决生效后十日内返还小明保证金 5000 元。华南城公司不服提起上诉，二审法院驳回上诉维持原判。

◆ 相关法条

民法典第一百七十二条　行为人没有代理权、超越代理权或者代理权终止后，仍然实施代理行为，相对人有理由相信行为人有代理权的，代理行为有效。

法条释义

本条规定了民法代理中的又一项重要制度：表见代理。

表见代理，是指被代理人的行为足以使第三人相信无权代理人具有代理权，并基于这种信赖而与无权代理人实施法律行为的代理。

表见代理的本质是无权代理，但因为具有使“相对人有理由相信行为人有代理权”外观，所以只要构成表见代理，便不需要被代理人的追认，直接对被代理人有效。表见代理制度的目的是保护善意相对人，使相对人在行为人无权代理的情形下，仍有权请求被代理人承担代理行为的后果，维护交易安全。

表见代理具有三个构成要件：

（1）表见代理的前提是无权代理。即从被代理人的角度来看，代理人没有代理权、超越代理权或者代理已经终止。

（2）代理人具有代理权的外观。即从相对人的角度看，代理人具有代理权的外观表象，让相对人有理由相信代理人具有代理权。而代理人之所以会具有代理权的外观，一般都与被代理人存在某种关联关系，这也是表见代理的后果直接由被代理人承担的根本理由。

代理人具有代理权外观包括多种情形。如，被代理人曾以书面、口头或者行为方式，直接或间接向相对人通知行为人为其代理人，实际上并未向行为人授权；被代理人允许行为人挂靠本单位经营，以本单位名义从事民事活动；行为人持有被代理人有代理权意义的印鉴，包括业务介绍信、合同专用章、盖有公章的空白合同书等；行为人依被代理人以往的业务代理惯例进行活动；被代理人对行为人有授权，但因授权不明，行为人超越了权限；被代理人对行为人代理权所作的限制，相对人无法知道；被代理人未以与授权方式相同或更具效力的方式撤回代理权，如被代理人采取公告授权方式，但之后未以相同方式撤回；代理权终止后，行为人仍持有代理授权书，被代理人未收回有效授权书或宣布其无效等。

（3）相对人善意无过失。即要求相对人在实施法律行为时，要尽到谨慎的注意义务。如果代理权的外观存在明显瑕疵，相对人却没有尽到一般理性人应尽到的注意义务，则不得主张表见代理。

友情提示

公司的经营者一定要做好公司的印鉴管理，对外授权要坚持一事一授权，授权范围与授权期限必须明确。否则，如果他人拿着盖有自己公司印鉴的授权委托书或空白合同与其他公司签订合同，就有可能构成表见代理，最终的后果要由本公司来承担。

见义勇为造成受助人损害需要承担赔偿责任吗？

案情介绍

2017年9月，72岁的张老太前往药店买药时晕倒，药店老板小明为老人实施了心肺复苏，并拨打了120，五分钟后老人苏醒。后经医院检查发现，张老太在接受急救过程中双侧肋骨骨折、右肺挫伤。

同年10月，张老太一方将小明起诉至法院，张老太认为小明给自己做心肺复苏，造成自己肋骨骨折，应当承担赔偿责任。那么，小明是否应当承担赔偿责任呢？

◆ 法院裁判

法院认为，本案中小明施救时心肺复苏是否规范是本案的争议焦点，法院结合医疗专家的意见，认定小明有执业医师证，做心肺复苏过程符合规定，出现肋骨压断的情况，是必要强度的施救行为造成，并非故意和手法不专业，无须承担责任，因而驳回了张老太的该项诉讼请求。

◆ 相关法条

民法典第一百八十四条 因自愿实施紧急救助行为造成受助人损害的，救助人不承担民事责任。

法条释义

本条规定了紧急救助人的豁免权。

助人为乐、见义勇为是中华民族的传统美德。然而，近年来，社会上却出现了多起见义勇为却被受助人索赔，让好人寒心的案件，引起了严重的信任危机和道德危机。为弘扬助人为乐、见义勇为的优良美德，2017 年 10 月 1 日起实施的民法总则第一百八十四条首次在全国立法层面上给予见义勇为者免责保护，规定自愿实施紧急救助行为造成受助人损害的，救助人不区分情形一律豁免民事责任，民法典完全沿用该规定，目的在于降低善意施救者所要承担的风险，鼓励助人为乐、见义勇为的善行。

紧急救助行为人享有豁免权须具备以下要件：

（1）行为人是自愿施救者。享有豁免权的施救者必须是那些对他人不承担一般救助义务，但对身处危难境地的他人主动实施救助行为的自愿施救者；如果承担特殊救助义务的人则不享有豁免权。如法律规定医师对患者有紧急救治的职责，医师在紧急救治时便不享有紧急救助的豁免权。

（2）行为人实施了无偿救助行为。实施救助行为，不仅包括行为人自己采取救助措施对处于危难者进行救助，也包括行为人呼叫他人对处于危难者进行救助。

（3）行为人的善意救助行为造成了受救助者的损害。

值得讨论的是，行为人如果在紧急救助时存在重大过失导致受助人受损害时是否应当承担民事责任呢?

就法理而言，当救助者有重大过失造成被救助者受损害的，救助者仍需承担民事责任。所以，在起草民法总则草案时，本条后面原有“但书”条款即“但救助人有重大过失的除外”。但在十二届全国人大会议各个代表团审议民法总则草案时，有代表提出上述但书不能完全消除救助人的后顾之忧，对救助人的保护不够彻底，建议删除。后经法律委员会研究，赞成这一意见，最终删除了上述但书内容，彻底免除了见义勇为者的后顾之忧，更有利于倡导、培育见义勇为、乐于助人的良好社会风尚。因此，民法典第一百八十四条才会被人们形象地称之为好人法。

友情提示

“路见不平一声吼，该出手时就出手。”当遇到别人身处危险状态时，我们应当挺身而出，尽到一个良善公民应尽的责任。民法典会为我们的善行善举撑腰的。

在网上侮辱英烈要承担什么法律责任？

案情介绍

2013 年 5 月 22 日，孙某在新浪微博通过用户名为“作业本”的账号发文称：“由于邱少云趴在火堆里一动不动最终食客们拒绝为半面熟买单，他们纷纷表示还是赖宁的烤肉较好。”多宝公司于 2015 年 4 月 16 日以该公司新浪微博账号“多宝活动”发博文称：“多谢@作业本，恭喜你与烧烤齐名。作为凉茶，我们力挺你成为烧烤摊 CEO，开店十万罐，说到做到 ^_^# 多谢行动 #”，并配了一张与文字内容一致的图片。孙某用“作业本”的账号于 2015 年 4 月 16 日转发并公开回应：“多谢你这十万罐，我一定会开烧烤店，只是没定哪天，反正在此留言者，进店就是免费喝！！！”孙某与多宝公司以违背社会公德的方式贬损烈士形象用于市场营销的低俗行为，在社会上造成了极其恶劣的影响。

2015年6月30日，邱少云烈士的胞弟邱少华向法院提起诉讼，要求判令二被告立即停止侵害、消除影响、赔礼道歉，并赔偿原告精神损失费人民币1元。邱少华的诉讼请求能否得到法院的支持呢？（本案来源于中国裁判文书网）

◆ 法院裁判

法院认为，邱少云烈士生前在战斗中表现出的舍生取义、爱国为民的精神，在当代中国社会有着广泛的道德认同，是中华民族宝贵的精神财富，同时也是邱少云享有崇高名誉和荣誉的基础。我国法律规定，公民享有名誉权、荣誉权，禁止用侮辱、诽谤等方式损害公民的名誉、荣誉等民事权益。公民的姓名、肖像、名誉、荣誉受到侵害的，相关当事人有权要求侵权人停止侵害，恢复名誉，消除影响，赔礼道歉，并可以要求赔偿损失。

孙某发表的言论是对邱少云烈士的人格贬损和侮辱，属于故意的侵权行为，且该言论通过公众网络平台快速传播，已经造成了严重的社会影响，伤害了社会公众的民族和历史感情，同时损害了公共利益，也给邱少云烈士的亲属带来了精神伤害。被告多宝公司的言论及互动在网络平台上迅速传播，遭到了广大网友的谴责，产生了较大的负面影响，再次给邱少云烈士的家属造成了精神损害。此外，多宝公司作为国内知名饮料厂商，具有一定的社会影响力，在其为庆祝“销量夺金”精心策划的“多谢活动”中未尽到合理审慎的注意义务，存在主观上的过错，应当对其言论产生的负面影响和侵权事实，承担相应的法律责任。

一审判决孙某和多宝公司于判决生效之日起三日内公开发布赔礼道歉公告，向邱少华赔礼道歉，消除影响，该公告须连续刊登五日；孙某和多宝公司连带赔偿原告邱少华精神损害抚慰金1元，于判决生效后三日内履行。

◆ 相关法条

民法典第一百八十五条 侵害英雄烈士等的姓名、肖像、名誉、荣誉，损害社会公共利益的，应当承担民事责任。

《中华人民共和国英雄烈士保护法》（以下简称英雄烈士保护法）第二十二条 禁止歪曲、丑化、亵渎、否定英雄烈士事迹和精神。

英雄烈士的姓名、肖像、名誉、荣誉受法律保护。任何组织和个人不得在公共场所、互联网或者利用广播电视、电影、出版物等，以侮辱、诽谤或者其他方式侵害英雄烈士的姓名、肖像、名誉、荣誉。任何组织和个人不得将英雄烈士的姓名、肖像用于或者变相用于商标、商业广告，损害英雄烈士的名誉、荣誉。

公安、文化、新闻出版、广播电视、电影、网信、市场监督管理、负责英雄烈士保护工作的部门发现前款规定行为的，应当依法及时处理。

法条释义

为了加强对英雄烈士人格利益保护，2017 年 10 月 1 日实施的民法总则规定了侵害英雄烈士人格利益的民事责任；2018 年制定的英雄烈士保护法重申了禁止歪曲、丑化、亵渎、否定英雄烈士事迹和精神的原则。民法典完全沿用了民法总则本条的规定。

死者人格利益受法律保护。普通死者的人格利益只涉及私益，因此其人格利益的保护要受到亲属范围和代际的限制，只有死者的近亲属才能因死者的人格利益受到侮辱而提起诉讼，如果不是死者近亲属则无权提起诉讼。

但英雄烈士的人格利益则不仅是私益，而且还涉及公共利益。所以，英雄烈士保护法第二十五条规定，对侵害英雄烈士的姓名、肖像、名誉、荣誉的行为，不仅英雄烈士的近亲属可以依法向法院提起诉讼；而且，如果英雄烈士没有近亲属或者近亲属不提起诉讼的，检察机关也应依法对侵害英雄烈士的姓名、肖像、名誉、荣誉，损害社会公共利益的行为向法院提起诉讼。

友情提示

言论自由固然十分重要，但诽谤、侮辱是言论自由的天然边界，无论是在日常生活中还是在网络空间中，我们在行使言论自由权表达自己的意见时，都要注意不能诽谤和侮辱他人名誉，无论侮辱的对象是普通人还是英雄烈士，都有可能要承担民事责任、行政责任乃至是刑事责任。

诉讼时效超过后会有什么法律后果?

案情介绍

1999年6月22日，小明向小丽借款6万元，约定按月利率0.72%支付利息，由小芳提供担保。后小丽曾于2000年6月22前日要求小明归还借款，2000年6月22日小明通过小芳向小丽归还了该日之前的借款利息，但借款本金及此后利息仍未归还，

小丽也未再次要求小明归还借款及利息。2008年9月18日，小丽向法院起诉，要求小明归还借款6万元及利息，小芳承担连带还款责任。

本案中小明向小丽借的6万元及利息是否已过了法律规定的诉讼时效呢？（本案来源于中国裁判文书网）

◆ 法院裁判

本案一审法院认为：小丽的主张已经超过了法定二年的诉讼时

效期间（2017 年 10 月 01 日民法总则实施以前的普通诉讼时效期间为二年），小丽要求小丽归还借款 6 万元及利息，于法无据，不予支持。

二审法院则认为：因诉讼时效是债务人免于被强制履行债务的法定阻却事由，属于债务人享有的诉讼权利，故对诉讼时效问题法院不应主动审查。本案中债务人小明经法院公告传唤开庭未到庭参加诉讼，也未提出诉讼时效已经过的抗辩主张。在此情况下，原审法院主动援引诉讼时效的规定，以超过诉讼时效为由驳回小丽要求小明偿还借款本息的诉讼请求，属于适用法律错误，本院予以纠正，小明应承担偿还小丽借款 6 万元及相应利息的民事责任。

◆ 相关法条

民法典第一百八十八条 向人民法院请求保护民事权利的诉讼时效期间为三年。法律另有规定的，依照其规定。

诉讼时效期间自权利人知道或者应当知道权利受到损害以及义务人之日起计算。法律另有规定的，依照其规定。但是，自权利受到损害之日起超过二十年的，人民法院不予保护，有特殊情况的，人民法院可以根据权利人的申请决定延长。

民法典第一百九十二条 诉讼时效期间届满的，义务人可以提出不履行义务的抗辩。

诉讼时效期间届满后，义务人同意履行的，不得以诉讼时效期间届满为由抗辩；义务人已经自愿履行的，不得请求返还。

民法典第一百九十三条 人民法院不得主动适用诉讼时效的规定。

法条释义

民法典总则编第九章规定了诉讼时效制度。所谓诉讼时效又称消灭时效，是指权利人在一定期间内不行使权利，即在某种程度上丧失请求利益的时效制度。

西方法谚有云：“法律帮助勤勉的人，不帮助睡眠的人。”设立诉讼时效制度的初衷，是为了敦促权利人及时行使权利，从而节约司法成本。如果权利人怠于行使自己的权利，就要承担权利不再被法律保护的不利后果。

诉讼时效的期间分为三种：

（1）一般诉讼时效：三年，自权利人知道或应当知道权利受到损害以及义务人之日起算。

（2）特殊诉讼时效：由法律专门规定的诉讼时效。

（3）最长诉讼时效：二十年，不适用诉讼时效中止、中断、延长规定的最长保护时间。

需要注意的是，诉讼时效制度并非适用于所有权利。支配权、抗辩权与形成权均不适用诉讼时效期间，诉讼时效只适用于请求权，而且也并非所有的请求权都适用诉讼时效。民法典第一百九十六条明确规定，下列请求权不适用诉讼时效：

（1）请求停止侵害、排除妨碍、消除危险；

（2）不动产物权和登记的动产物权的权利人请求返还财产；

（3）请求支付抚养费、赡养费或者扶养费；

（4）依法不适用诉讼时效的其他请求权。

超过诉讼时效后，会产生以下几种法律后果：

（1）权利人不丧失起诉权，也不丧失胜诉权。即使已经过了诉讼时效，债权人仍然可以起诉，而且也并非没有胜诉的机会。只要债务人未提出诉讼时效经过的抗辩或其抗辩主张未被法院采纳，债权人仍然有机会胜诉。

（2）一经债务人抗辩，驳回债权人的诉讼请求。债权人提起诉讼后，如果债务人提出诉讼时效经过的抗辩且法院采纳了债务人的抗辩理由，法院将判决驳回债权人的诉讼请求。

（3）法院不得主动释明与援用。诉讼时效是债务人免予履行义务的诉讼权利，因此，如果债务人不提出诉讼时效经过的辩护，法院不得主动释明或援用。上引案例中一审判决适用法律错误之处就是在债务人未主动提出诉讼时效已经过抗辩的情况下，主动援用诉讼时效制度。

（4）债务人提出抗辩有时间限制。作为一种诉讼权利，债务人提出抗辩有时间限制。如果一审未提出，二审才提出，没有特殊情况，法院一般不会采纳。

（5）自然权利继续存在。诉讼时效经过后，即使法院驳回债权人对债务人的诉讼请求，也并未否认债权人与债务人之间仍然存在自然债权债务关系。因此，如果债权人通过私力救济途径督促债务人履行了债务或债务人诉讼时效经过后主动履行了债务，其不得向法院主张要求债权人返还。

友情提示

因诉讼时效制度的存在，欠债未必就一定要还钱，只有在诉讼时效期间内积极主动请求履行的债务才必须还。因此，我们要在诉讼时效保护期内积极主动地主张自己的权利。

网络虚拟财产受法律保护吗?

案情介绍

王东是生意人，5 年前在当地的中国移动通信公司营业厅选了一个 151××××8888 的手机号码，2020 年初受疫情影响，生意不太好做，资金链断了。王东听朋友说自己这个手机号是个靓号，能值不少钱，所以想把这个手机号卖了，用以缓解生意上的资金压力。2020 年，王东通过朋友介绍认识了李其，李其对王东的手机号喜欢得不得了，想以 8.8 万元的价格购买，并提前支付了 1.5 万元定金。随后王东在中国移动通信公司营业厅通过变更手续将 151××××8888 的手机号码登记在了李其名下。后来，李其声称手机号码不是财产，不能进行交易，并拒绝支付剩余款项。那么作为一串虚拟数字的手机号码是否是民法典所保护的财产呢?

◆ 答疑解惑

民法典第一百二十七条已明确了数据、网络虚拟财产的财产属性，手机号码，尤其是151××××8888这种“四连八”手机靓号，财产属性特别明显，具有物的属性，用户通过与移动通信公司签订移动电话入网服务协议，依法对其特定号码享有直接支配和排他的权利。在信息通信业务迅速发展的今天，虚拟的手机号码几乎成了每个公民日常生活中必不可少的一部分，当移动通信营业厅通过系统设置将特定号码分配至个人名下时，该手机号码就成为特定主体的合法财产。

◆ 相关法条

民法典第一百二十七条 法律对数据、网络虚拟财产的保护有规定的，依照其规定。

民法典第二百零七条 国家、集体、私人的物权和其他权利人的物权受法律平等保护，任何组织或者个人不得侵犯。

民法典第二百三十八条 侵害物权，造成权利人损害的，权利人可以依法请求损害赔偿，也可以依法请求承担其他民事责任。

民法典第二百四十条 所有权人对自己的不动产或者动产，依法享有占有、使用、收益和处分的权利。

法条释义

21世纪是互联网时代，以云计算、大数据、5G、人工智能、区块链等关键技术为代表的新科技，已经且仍将对现代经济社会产生巨大的影响。在互联网时代，无论是哪一种新技术，都离不开数据的产生和保护，数据在新技术的形成、推广及运用过程中还会产生更多的数据。为了适应互联网和大数据时代发展的需要，民法典对数据、网络虚拟财产的保护进行了规定，这是回应互联网时代对民法的需求。

友情提示

我们的财产既可以是有形的，也可以是无形的，网络虚拟财产具有特殊的财产属性，依法受到法律保护。

如何避免掉入一房多卖的陷阱？

案情介绍

2015 年 7 月，刘阿姨和某房地产开发商签订了商品房购销合同，确定以 97 万元总价购买一住宅期房，合同签订后只进行了网签备案，未能及时办理商品房预告登记手续。2016 年 5 月，房价大涨，开发商出于利益驱动，又以 129 万的价格将该套房出售给付阿姨，并和付阿姨又签订了一份商品房购销合同，付阿姨支付了全部房款，并即时办理了预告登记，后来期房交房后又办理了不动产登记。刘阿姨遭遇到权利损害，就是忽视了预告登记的作用，从而掉入了开发商一房多卖的陷阱，而碰到这种情况该怎么办呢？

◆ 答疑解惑

不动产物权的设立、变更、转让和消灭，经依法登记，发生效力；未经登记，不发生效力。刘阿姨和房地产公司签订的商品房购销合同，双方仅办理了商品房买卖合同登记备案表，未办理不动产登记，即该房屋的不动产产权并未发生改变，合同经过备案仅是行政行为，不具有物权登记的效力。而付阿姨在与开发商签订商品房购销合同后及时办理了该房屋的预告登记，具有对抗第三人的效力，随后又办理了不动产登记，取得了该房屋的所有权；刘阿姨的权利损害只能通过其他途径进行救济。

◆ 相关法条

民法典第二百零八条 不动产物权的设立、变更、转让和消灭，应当依照法律规定登记。动产物权的设立和转让，应当依照法律规定交付。

民法典第二百零九条 不动产物权的设立、变更、转让和消灭，经依法登记，发生效力；未经登记，不发生效力，但是法律另有规定的除外。

依法属于国家所有的自然资源，所有权可以不登记。

民法典第二百二十一条 当事人签订买卖房屋的协议或者签订其他不动产物权的协议，为保障将来实现物权，按照约定可以向登记机构申请预告登记。预告登记后，未经预告登记的权利人同意，处分该不动产的，不发生物权效力。

预告登记后，债权消灭或者自能够进行不动产登记之日起九十日内未申请登记的，预告登记失效。

法条释义

预告登记，是指为了保全债权的实现、保全物权的顺位请求权等而进行的提前登记。预告登记制度有以下几个特点：

（1）未经预告登记的权利人同意，对预告登记标的物的处分行为不发生物权变动的效力；

（2）预告登记权利人的债权债务关系消灭的，预告登记消灭；

（3）预告登记权利人在符合登记条件后，在法定的期限内怠于完成不动产物权变动的，该权利消灭。

实践中，预告登记的范围多适用于商品房预购合同、预购商品房转让合同，以及普通的房屋所有权转让合同，当事人可就上述协议申请预告登记。预告登记完成后，并不导致不动产物权的设立或者变动，只是使登记申请人取得请求将来发生物权变动的权利。在房屋买卖过程中，购房者可与卖房者约定先行申请预告登记。预告登记后，未经购房者同意，对该房屋的处理不发生物权变动效力，但预告登记只在九十天之内有效。民法典中关于预告登记的制度，在我们的日常生活中，主要适用于商品期房预售，购房者办理了预告登记以后，使买到的期房获得了公示，具有对抗第三人的效力，也就是说，购房者在办理了预售登记后，开发商无法进行一房多卖，值得注意的是，预告登记使得被登记的不动产请求权具有了物权效力，但并不改变请求权本来的法律关系。

友情提示

对我们大多数人来说，买房是人生当中最大的一项消费清单，商品房购销合同不能产生所有权转移的效力，其物权权利存在许多不确定性，为防止开发商一房多卖的风险，在期房买卖过程须及时办理预告登记。

邻居在公共区域私自搭建，其他业主如何维权？

案情介绍

郑为亮和朱琴美是常州市金色领寓小区 8 幢 1202 室、1203 室房屋的产权人，两人为同一楼层相邻业主。2012 年，朱琴美对其房屋所在楼层两电梯中间天井部分进行了装修，自建一封闭小房间，用于存放个人物品，并将小房间上锁。郑为亮多次向小区物业及社区等部门反映该情况，经劝阻后朱琴美仍不肯拆除该小房间，并声称搭建的小房间未破坏公共设施，未影响楼层邻居出行，防盗窗没有影响正常采光、通风，也未阻挡消防设备，堵塞、封闭疏散通道、安全出口等，小房间是合理利用空间，搭建区域没有造成他人财产损失。2020 年，郑为亮认为朱琴美自建的小房间妨碍了其他业主使用该空间的权利，应予以拆除恢复原状，遂诉至法院。（本案来源于中国裁判文书网）

◆ 法院裁判

法院认为，业主对建筑物内的住宅、经营性用房等专有部分享有所有权，对专有部分以外的共有部分享有共有和共同管理的权利。建筑区划内公共空间的权利归属原则，突出了业主权益的保护，限制了他人擅自处理和改变公共区域用途的行为。本案中，楼道天井的通道等公共通行部分属于业主共有部分，被告朱琴美擅自占用、处分属于业主的共有部分建造封闭房间，改变了其使用功能，影响了其他业主对建筑物的合法使用，对原告郑为亮在内的其他业主权益构成妨碍，故原告郑为亮作为共有人有权利要求被告朱琴美排除妨碍,恢复原状。

◆ 相关法条

民法典第二百七十一条　业主对建筑物内的住宅、经营性用房等专有部分享有所有权，对专有部分以外的共有部分享有共有和共同管理的权利。

民法典第二百七十二条　业主对其建筑物专有部分享有占有、使用、收益和处分的权利。业主行使权利不得危及建筑物的安全,不得损害其他业主的合法权益。

民法典第二百七十三条　业主对建筑物专有部分以外的共有部分，享有权利，承担义务；不得以放弃权利为由不履行义务。

业主转让建筑物内的住宅、经营性用房,其对共有部分享有的共有和共同管理的权利一并转让。

法条释义

随着社会的发展，高层建筑物越来越多，更多的人在被区分成若干相对独立区域内的建筑物中居住、工作，建筑物不断向多层或高层发展，购房者只能购买其中的一间或者几间，如此一来就产生了一幢不可分割的建筑物里的不同房间为不同人所有，不同的购房者对其购买的房屋享有单独的所有权，这就是建筑物区分所有权。

建筑物区分所有权是民法典物权编的重要制度，以上几条是对建筑物区分所有权包含专有权、共有权及共同管理权内容概括性表述。从以上法条我们可以看出，业主对小区内的住宅、经营用房其实是双重权利。区分所有权即专有权和共有权，区分所有权具备占用、使用、收益、处分的功能，但也要区别于一般所有权，有其特殊性。业主就自己的专有部分享有自由使用、收益及处分权利的同时，应承担相应的义务，由于区分所有建筑物的各专有部分在构造上相互关联，物理和空间上相互联系，彼此间的墙体紧密地结合在一起，形成立体的相邻关系。业主对自己所属专有部分的使用、收益或处分应受彼此间强力的约束，必须要考虑到全体业主的共同利益，不得滥用其专有部分所有权，即不得损害其他业主的合法权益。比如：拆除承重墙，在家中饲养动物，在电梯间外面加盖储物间，等等。

友情提示

在日常生活中，装修房屋应当充分照顾邻居的合法权益，尤其搭建雨棚、防盗窗、防盗门等时，不仅要符合小区物业的规定，也应考虑到相邻业主的通风、通行、安全、采光等需求。

业主怎样才能换掉不满意的物业公司?

案情介绍

2020 年 9 月，峰景小区业委会在没有通知全体业主的情况下，与靠谱物业公司签订了物业服务合同，更换了原来的物业公司，但是靠谱物业公司并不靠谱，小区公共设施损坏、空气污染、安全防盗、乱搭乱建等现象频发，而靠谱物业公司只在每个月收取物业管理费时才会准时出现。于是小区业主张丽丽、李小峰于 2021 年 1 月将业委会告上法庭，请求法院判令撤销业委会作出的更换原物业公司和选聘新物业公司的两项决议。

张丽丽、李小峰认为，更换物业公司关系到全体业主切身利益，业委会没有依法通知全体业主召开业主大会，也没有征得法律规定的业主同意。对此，小区业委会并不认可，声称原物业公司没有和业委会签订物业服务合同，也未提供相应服务，且存在违规收取停车费等问题，损害了全体业主的利益；更换物业公司的决议是用

书面形式征求业主意见后作出的，不可能撤销。那么，业主反对业委会更换物业公司，能否行使撤销权呢？

◆ 答疑解惑

“选举业主委员会或者更换业主委员会成员”“选聘和解聘物业服务企业或者其他管理人”均属民法典规定的业主共同决定事项。“业主共同决定事项，应当由专有部分面积占比三分之二以上的业主且人数占比三分之二以上的业主参与表决”。决定上述事项，“应当经参与表决专有部分面积过半数的业主且参与表决人数过半数的业主同意”。本案中，小区业委会没有召开业主大会，其程序就违反了法律规定，受侵害的业主可以请求法院予以撤销。

◆ 相关法条

民法典第二百七十八条 下列事项由业主共同决定：

（一）制定和修改业主大会议事规则；

（二）制定和修改管理规约；

（三）选举业主委员会或者更换业主委员会成员；

（四）选聘和解聘物业服务企业或者其他管理人；

（五）使用建筑物及其附属设施的维修资金；

（六）筹集建筑物及其附属设施的维修资金；

（七）改建、重建建筑物及其附属设施；

（八）改变共有部分的用途或者利用共有部分从事经营活动；

（九）有关共有和共同管理权利的其他重大事项。

业主共同决定事项，应当由专有部分面积占比三分之二以上的业主且人数占比三分之二以上的业主参与表决。决定前款第六项至第八项规定的事项，应当经参与表决专有部分面积四分之三以上的业主且参与表决人数四分之三以上的业主同意。决定前款其他事项，应当经参与表决专有部分面积过半数的业主且参与表决人数过半数的业主同意。

民法典第二百八十条 业主大会或者业主委员会的决定，对业主具有法律约束力。

业主大会或者业主委员会作出的决定侵害业主合法权益的，受侵害的业主可以请求人民法院予以撤销。

法条释义

民法典第二百七十八条规定了业主大会的决定事项和决定方法。

长期以来，业主如果想要更换物业公司存在“三难”：开会难、议事难、表决难。为解决此三大难题，民法典第二百七十八条对物权法第七十六条作出了重大修改：

（1）为解决开会难，降低了开会人数的要求。业主共同决定事项，只需要由专有部分面积占比三分之二以上的业主且人数占比三分之二以上的业主参与表决即可。

（2）为解决议事难、表决难，降低了表决人数要求。表决一般事项，即民法典第二百七十八条第（一）至第（六）项事务时，只需经参与表决专有部分面积过半数的业主且参与表决人数过半数的业主同意；表决特殊事项即民法典第二百七十八条第（六）至第（八）项事务时，应经参与表决专有部分面积四分之三以上的业主且参与表决人数四分之三以上的业主同意。

民法典第二百八十条规定了本条规定了业主大会、业主委员会决定的效力问题，同时明确了业主对侵害其合法权益的业主大会或者业主委员会的决定有权请求法院予以撤销，明确赋予业主撤销权。业主大会或者业主委员会的决定对物业管理区域内的全体业主具有法律约束力，以及业主有权请求法院撤销业主大会或者业主委员会作出的侵权决定。

友情提示

业委会应积极维护业主权利，小区业主也有义务遵守管理规约，配合业委会工作，双方应保持良性互动，实现保障业主知情权与维护物业正常管理的双重目的。

业主对维修基金的去向有没有知情权？

案情介绍

夏某等五人是上海市闸北区新新家园小区业主，小区业委会与精品物业公司签订了物业服务合同，委托精品物业对小区实施物业服务。2018 年至今，小区物业虽然公布四次公共收益账目，但不完整，维修基金的结存及按户分摊情况也没有在其中全面体现。夏某等五人因对物业已公布账目中的收支情况有异议，要求物业重新公布维修基金账目，提供相应的发票、清单等以便他们进行查阅、核对及复印。物业拒绝提供，声称他们是经有关部门批准的前期物业，选聘是按程序选举产生的，也未就此事进行过专门讨论，同时无法提供相关决定及会议记录。那么小区业主到底有没有权利知道小区维修基金的去向呢？（本案来源于中国裁判文书网）

◆ 法院裁判

法院认为，业主知情权即是指业主了解建筑区划内涉及业主共有权以及共同管理权相关事项的权利。业主有请求公布、查阅维修基金的使用情况、业委会的决定及会议记录、物业服务合同、共有部分的收益情况以及其他应当向业主公开的情况和资料的权利。本案中，精品物业虽已四次对公共收益账目予以公布，但其内容并不完整，维修基金的结存及按户分摊情况也未全面体现。业主对公布的维修基金账目情况有异议的，可以要求物业公司提供有关的费用清单、发票原件和按户分摊费用清单进行核对，精品物业有义务提供相应的发票、清单等以便周小鹏等五人进行查阅、核对及复印。

◆ 相关法条

民法典第二百八十一条 建筑物及其附属设施的维修资金，属于业主共有。经业主共同决定，可以用于电梯、屋顶、外墙、无障碍设施等共有部分的维修、更新和改造。建筑物及其附属设施的维修资金的筹集、使用情况应当定期公布。

紧急情况下需要维修建筑物及其附属设施的，业主大会或者业主委员会可以依法申请使用建筑物及其附属设施的维修资金。

法条释义

本条对建筑物及其附属设施的维修资金进行了规定，包括维修资金的归属、用途、筹集与使用以及紧急情况下如何使用等方面。每位业主在购买房屋要预交一定数额的维修资金，以便于日后统一对建筑物共有部分进行维修，本条第一款的规定也表明维修资金必须专款专用，应当专项用于住宅共用部位、共用设施设备保修期满后的维修和更新、改造，特别是建筑物本身的修缮，不得挪作他用，这就保证了一旦出现建筑物及其附属设施需要进行重大修缮时，不会出现无资金可用的情形，这也能保证维持业主正常的居住和生活条件。对于维修资金的使用，全体业主享有知情权，为便于业主及时了解建筑物及其附属设施维修资金的筹集情况，依法监督维修资金的使用，维修资金的筹集、使用情况应当予以定期公布。无论是业主大会、业主委员会还是物业公司，都有义务将维修资金的筹集、使用情况定期向全体业主公布，业主也有权进行查询、监督。小区内维修资金的筹集和使用，涉及业主的重大经济权利和责任，也是业主十分关心的问题。刻意隐瞒维修资金的筹集和使用的信息均构成对业主知情权的侵犯。物业服务企业或其他物业管理人或者业主委员会拒不定期公布有关信息的，业主寻求法律保护应当得到支持。

友情提示

小区维修资金的使用，是很多业主十分关心的问题，物业公司或者业主委员会要不定期向业主公布有关信息。

小区电梯广告收益归谁所有?

案情介绍

任某是水乡小区的业主，小区楼栋电梯内挂置刊登了大量商业广告，最近几年物业服务公司还在电梯内加装了滚动电子广告，广告内容更换频繁。任灵灵认为，电梯是小区公共空间，属于业主共有，物业服务公司未经业主同意擅自利用电梯内空间经营广告，应当将广告费返还给业主。物业服务公司拒绝了任灵灵的要求，声称：因为小区建于2001年，属于较老的小区，物业服务费一直按照较低的水平收取，而小区公共设施年久失修，出现老化现象，需要经常维修，小区公共维修基金已经不足以支付维修费用，部分电梯广告收益已被用于补贴公共维修基金，但是物业服务公司又拿不出任何票据用以说明广告费的去向。那么小区电梯广告收益到底归谁所有?

◆ 答疑解惑

民法典物权编从顶层设计上确认了业主的权利，当我们购买了某小区的房屋后，除了对自己的房屋享有所有权外，还对小区共有部分享有共有和共同管理的权利，物业服务机构将建筑区划内共有部分产生的收益作为经营收益据为己有，这侵害了全体业主的权利。本案中，物业服务公司受业主委托对水乡小区进行物业管理，期间收取的电梯广告费等公共收益应在扣除合理费用后归全体小区业主所有。

◆ 相关法条

民法典第二百八十二条 建设单位、物业服务企业或者其他管理人等利用业主的共有部分产生的收入，在扣除合理成本之后，属于业主共有。

法条释义

民法典对业主共有部分范围的划分，采用的是排除加列举的方式，利用小区共有部分进行营利的形式多种多样，除了电梯、门闸、道闸、建筑外墙等公共区域的广告收益；小区公共区域的停车费收益；小区公共区域内出租的摊位收益；利用小区公共配套设施，如球场、游泳池、活动室等的经营收入；自动售卖机的场地费；快递柜入场费；等等，这些收益在扣除合理的成本之后，都应属于小区业主的共有收益。至于合理成本，包括必要的经营成本等，属于产生经营所必须发生的费用，不应由建设单位、物业服务企业或者其他管理人来承担。

友情提示

有了民法典保障业主共有部分收益权，我们的生活中又多了一笔小小的收入，是不是有点小激动呢？

如何妥善处理相邻纠纷？

案情介绍

吉林省图们市长安镇原民政办公楼是二层楼房，该楼的一层六间房屋归王秀义所有，二层归刘佳佳所有，二人均取得了房屋所有权证。2011 年 5 月王秀义购买该楼房并经营饭店，同年秋天，刘佳佳的父、母搬入该楼房，并在二层经营旅店。该楼房原始状态为：一层有上、下水管，二层无上、下水管。2011 年刘佳佳购买房屋时，通过王秀义家接通室内上水管，在楼体外安装了室外下水管及挖建了排水坑。2016 年，因双方产生纠纷，王秀义将上水阀门关闭，导致刘佳佳无法用水，为此刘佳佳在楼体外安装了室外上水管；2019 年，王秀义认为刘佳佳在共同使用面积内建上、下水管，导致其的家里单间每年漏水，下水导致家中墙体受损，粪坑气味难闻，遂诉至法院。那么，王秀义的诉讼请求能否得到法院的支持呢？（本案来源于中国裁判文书网）

◆ 法院裁判

法院认为，原告王秀义与被告刘佳佳系相邻关系，不动产的相邻权利人应当按照有利生产、方便生活、团结互助、公平合理原则，正确处理相邻关系。不动产权利人应当为相邻权利人用水、排水提供必要的便利。原告关闭上水阀门导致被告无法用水，且庭审中，针对被告通过原告房屋接通室内上、下水的问题，原告未作同意的明确表示，因此拆除被告加建的上、下水管及填平北侧排水坑，会影响被告用水、排水，故对此项诉讼请求不予支持。房屋西侧楼梯口处的排水，可以通过管道将污水排入马路的排水沟内，且被告同意填平该排水坑，所以对原告要求填平房屋西侧楼梯口处的排水坑的诉请，应予以支持。

◆ 相关法条

民法典第二百八十八条 不动产的相邻权利人应当按照有利生产、方便生活、团结互助、公平合理的原则，正确处理相邻关系。

民法典第二百九十条 不动产权利人应当为相邻权利人用水、排水提供必要的便利。对自然流水的利用，应当在不动产的相邻权利人之间合理分配。对自然流水的排放，应当尊重自然流向。

民法典第二百九十六条 不动产权利人因用水、排水、通行、铺设管线等利用相邻不动产的，应当尽量避免对相邻的不动产权利人造成损害。

法条释义

相邻关系是指两个或两个以上相互毗邻不动产的所有人或使用人，在行使不动产的所有权或使用权时，如通风、采光、用水、排水、通行等，相邻各方形成的相互给予便利和接受限制而产生的权利义务关系。法律设立不动产相邻关系的目的是尽可能确保相邻的不动产权利人之间的和睦关系，解决相邻的两个或者多个不动产所有人或使用人因行使权利而发生的冲突，维护不动产相邻各方利益的平衡。正确理解相邻关系，需要把握以下几点：

（1）相邻关系的内容是非常丰富的，例如通行、引水、排水，以及临时占用邻人土地修建建筑物等。（2）相邻关系一般指相互毗邻的不动产权利人之间的关系。（3）相邻的不动产权利人，不仅包括不动产的所有人，而且包括不动产的用益物权人和占有人。充分考虑相邻权利人的生活方便，尤其要注意保护相邻权利人的生存权，对于危害相邻权利人正常生活的行为，应采取坚决措施加以制止。相邻用水、排水关系是两种最常见的相邻关系，在我国农村地区因相邻用水、排水纠纷尤为突出，一方擅自排水影响他方正常生产、生活的，他方有权请求排除妨碍，造成他方损失的，应负赔偿责任。相邻关系的最大特点就是与人民群众的生活密切相关，处理得当，能够改善人类生存环境，提高生活质量，反之，则可能降低生活质量甚至损害人民群众身体健康。

友情提示

俗话说远亲不如近邻，这句话揭示了良好和谐的相邻关系对我们日常生活的重要影响，随着现代社会生活的不断进步，人口流动增大，群众的居住模式和生活方式都在发生着改变，我们维护自身权益的意识也在不断增强，如何处理好纷繁复杂的相邻关系，不仅需要法律制度的保障，更需要互敬互爱的相处之道。

什么是善意取得？

案情介绍

冯小雪非常喜欢摄影，家里的防潮箱保存了很多摄影器材。2017 年，冯小雪要去泰国做三年的汉语教学志愿者，她担心自己在昆明家中的几支相机镜头受潮，就将镜头交给好闺蜜周静代为保管。周静也承诺为冯小雪保管好这几支镜头。后来，周静要搬家，觉得这几支破镜头不值什么钱，还占地方，就将这几支镜头在闲鱼平台以市场价格出卖给了不知情的同城摄影师孙琪，并将这几支镜头通过顺丰快递邮寄给了孙琪。冯小雪回国后得知镜头被闺蜜卖了，气得要命。后经多方联系找到了孙琪，冯小雪以这几支镜头是周静代她保管为理由要求孙琪返还，遭到孙琪拒绝。随后，冯小雪向法院起诉请求孙琪返还镜头，被法院判决驳回，冯小雪非常困惑，不知道明明是自己的镜头，为什么还要不回来呢？

◆ 法院裁判

本案中，周静不是镜头的所有人，她无权转让镜头，但是孙琪不知道镜头不是周静的，也不知道冯小雪和周静之间关于镜头保管的约定，孙琪付出了合理的价格来购买镜头并通过快递完成了交付，孙琪为善意第三人，冯小雪是镜头的原所有人，她无权要求孙琪返还镜头，但可以要求周静赔偿损失。因此，冯小雪请求法院判决孙琪返还镜头是没有合法依据的，应予驳回。

◆ 相关法条

民法典第二百二十四条 动产物权的设立和转让，自交付时发生效力，但是法律另有规定的除外。

民法典第三百一十一条 无处分权人将不动产或者动产转让给受让人的，所有权人有权追回；除法律另有规定外，符合下列情形的，受让人取得该不动产或者动产的所有权：

(一)受让人受让该不动产或者动产时是善意；

(二)以合理的价格转让；

(三)转让的不动产或者动产依照法律规定应当登记的已经登记，不需要登记的已经交付给受让人。

受让人依据前款规定取得不动产或者动产的所有权的，原所有权人有权向无处分权人请求损害赔偿。

当事人善意取得其他物权的，参照适用前两款规定。

民法典第三百一十三条 善意受让人取得动产后，该动产上的原有权利消灭。但是，善意受让人在受让时知道或者应当知道该权利的除外。

法条释义

以上法条是民法典对善意取得制度的规定，善意取得是指行为人无权处分他人的财产，受让人取得该财产时出于善意，则受让人将依法即时取得对该财产的所有权或他物权的法律制度。善意取得制度的目的在于保护占有的公信力，保障交易安全，鼓励交易，以上法律条文我们可以看出善意取得必须满足以下条件:（1)受让人必须是善意的，不知出让人是无处分权人；（2）受让人要支付合理的价款；（3）转让的财产应当登记的已经登记，不需要登记的已经交付。三项条件必须同时具备，否则不构成善意取得。善意取得作为民法典物权编中的一个重要法律制度，在于协调无权处分行为产生的善意受让人与物的所有权人之间的利益冲突，着重解决的是“买得放心、用得安心”的问题，从而保护我们日常生活中的交易安全，稳定正常的社会经济秩序。因此，在日常交易活动中，即便卖给你东西的人没有处分权，只要符合规定的条件，你便取得标的物的所有权，标的物的原所有人无权再向你索要返还，原所有权人要求赔偿的，只能向无权处分人提出。

友情提示

我们进行财产交易时，一定要谨慎注意并核实转让人是否具有财产所有权，避免产生不必要的纠纷。

装修了别人的房屋，能否要求补偿？

案情介绍

小孙和小段是高中同学，也是好兄弟。毕业后两人都没考上大学，为了生计两人打算合伙开一个滇菜馆，刚好小段家在人流量很大的西坝路口有个毛坯商铺，两人商量后口头约定，小孙出钱给商铺装修，以后饭店利润两人各占50%。随后，小孙和父母借了20万元对该商铺进行了装修，还隔出了6间包房。在商铺装修快结束的时候，两人因为以后饭店的经营理念不和而分道扬镳，小段收回了商铺，并将装修人员赶走。小孙要小段返还折价15万元的装修款，小段断然拒绝。两人纠纷该如何处理，小孙的装修款能否获得补偿呢？

◆ 答疑解惑

民法典新增添附制度，作为一种所有权的取得方式规定下来。所谓添附，是指不同所有人的物结合在一起或者劳务施加于他人的物而形成不可分离的物或新的物，包括附合、混合和加工三种情形，小孙给小段的商铺进行装修就是一种附和方式，同时这种装修是善意的是有价值的，恢复原状不利于社会财富保护和价值利用，因此，小段要给予小孙适当补偿，获得装修添附价值。

◆ 相关法条

民法典第三百二十二条 因加工、附合、混合而产生的物的归属，有约定的，按照约定；没有约定或者约定不明确的，依照法律规定；法律没有规定的，按照充分发挥物的效用以及保护无过错当事人的原则确定。因一方当事人的过错或者确定物的归属造成另一方当事人损害的，应当给予赔偿或者补偿。

法条释义

本条是关于添附归属的规定，添附是民法典确定的所有权取得方式之一，在于不同物结合或混合成为一个新物时，或者不能恢复原状，或者恢复原状费用过高，不符合经济与效益原则。从增进社会财富、充分发挥物的效用的原则出发，应承认添附可以引起物权的变动，重新确认添附所形成的新物的所有权归属，使其归于一人所有或形成共有；民法典明确在当事人没有约定且没有法律规定的情况下，应当“按照充分发挥物的效用以及保护无过错当事人的原则确定”。依据本条的规定可以理解为：（1）除当事人另有约定外，不动产所有人取得动产的所有权。其取得所有权来源于法律的规定，并不适用善意取得的规则；（2）该附合的动产的所有权因附合而消灭；（3）原动产所有人不能请求恢复原状，这属于客观不能，但可依本条规定适用不当得利的规则和侵权责任的规则来进行救济，当然，当事人没有过错的，应当适用补偿而非赔偿的规则。

在此需要注意的是，由于本条规定较为原则，其规定的“按照充分发挥物的效用以及保护无过错当事人的原则确定”物的归属时，在动产与不动产附合的情形下，有必要在认定上充分考虑不动产利用的效益、不动产的价值等，仍要遵循上述原则确定归属，即应当认定上述规则符合本条规定的这一要求。

友情提示

对因添附物的归属以及如何处置，一定要在事前进行详细约定，避免带来不必要的法律风险和争议。

土地承包经营权能否转让？

案情介绍

2014 年，凤龙山的村民韩小彪想把自家的几十亩草地转卖给同村村民崔大雷，双方请了村小组的组长张凯作为见证人。因为听司法所的工作人员说土地是国家的，不能买卖，所以两人在起草协议时就将“买卖”改成了“承包”。根据见证人张凯证明，韩小彪和崔大雷实际转让的是土地承包经营权。两人签订协议的时候，没有邀请村里其他人参加，是私下达成的协议。协议签订后，崔大雷将转让款 8000 元交付给韩小彪，随后开始在草地上放养绵羊，村里的其他村民也没表示反对。2021 年，因高铁规划路过需要，国家要征收土地修建高铁站，该村获得了征地补偿款。这时候，韩小彪反悔了，以土地经营权不能转让，土地承包证上依然是自己的名字为由收回土地，获得补偿款，双方发生争议。那么土地承包经营权到底能不能转让呢？

◆ 答疑解惑

土地承包经营权按照民法典的规定是可以转让的。根据民法典的规定，土地承包经营权人有权将土地承包经营权互换、转让，但是必须依照法律规定，且不得将承包地用于非农建设。本案例中，韩小彪把草地转让给同村人崔大雷，意味着土地承包合同的所有权利义务转移给了崔大雷，形成新的承包关系。崔大雷在草地上养殖绵羊，是按照土地的原有用途使用土地，并没有改变承包地的原有用途，土地承包经营权转让符合法律的规定，崔大雷取得了草地的承包经营权。

◆ 相关法条

民法典第三百三十一条 土地承包经营权人依法对其承包经营的耕地、林地、草地等享有占有、使用和收益的权利，有权从事种植业、林业、畜牧业等农业生产。

民法典第三百三十四条 土地承包经营权人依照法律规定，有权将土地承包经营权互换、转让。未经依法批准，不得将承包地用于非农建设。

民法典第三百三十五条 土地承包经营权互换、转让的，当事人可以向登记机构申请登记；未经登记，不得对抗善意第三人。

法条释义

土地承包经营权人有权将土地承包经营权互换、转让，但是必须依照法律规定，且不得将承包地用于非农建设。《中华人民共和国农村土地承包法》第三十四条规定，经发包方同意，承包方可以将全部或者部分的土地承包经营权转让给本集体经济组织的其他农户，由该农户同发包方确立新的承包关系，原承包方与发包方在该土地上的承包关系即行终止。土地承包经营权转让不同于土地承包经营权互换。互换土地承包经营权，承包方与发包方的关系虽有变化，但互换土地承包经营权的双方只不过是对土地承包经营权进行了置换，并未丧失该权利。而转让土地承包经营权，承包方与发包方的土地承包关系即行终止，转让方也不再享有土地承包经营权。根据本条的规定，土地承包经营权转让，应当按照土地的原有用途使用土地，不得改变承包地的原有用途。承包地应当用于种植业等农业生产，不得改变农用土地的用途，将其用于非农业建设。比如，不得在承包地上建窑、建坟，或者擅自在承包地上建房、挖砂、采石、取土等。

友情提示

民法典施行后，土地承包经营权的受让人为更好地维护自己的权益，及时办理登记更为可靠哦。

住房 70 年到期后怎么办？

案情介绍

李树花今年 87 岁了，在城边的河滨南路拥有一处老宅。老宅是以前国企的宿舍，虽然外观旧了点，但是位置非常好，平时李树花会去社区的院子里和其他居民聊天、晒太阳。一天，她听社区的网格员张二狗讲，家里房子的土地只有 70 年使用期限，如果到期了，要去街道办理手续，好像还要缴纳一些费用。李树花听说后，有点着急，掐指一算，自己老宅的土地还有不到 20 年的使用期。李树花很疑惑，如果自己的住宅到期了该怎么办，是否要缴纳相关费用呢？

◆ 答疑解惑

国家通过出让的方式，使建设用地使用权人获得一定期限内利用土地的权利，土地使用权出让的最高年限为居住用地 70 年。因此，建设用地使用权期限届满后，会面临建设用地使用权如何续期的问题。根据民法典规定，对于住宅建设用地使用权期限届满的，自动续期。这意味着两个重要信息：（1）土地使用权满70年之后，可以自动续期，不必担心土地被收回；（2）续期是否需要缴纳费用，或者减免暂未明确。因此，李树花的建设用地使用权期满后，不需要办理任何申请和审批手续，自动续期，至于续期费用的缴纳或者减免，可以依照法律、行政法规的规定办理。

◆ 相关法条

民法典第三百五十九条 住宅建设用地使用权期限届满的，自动续期。续期费用的缴纳或者减免，依照法律、行政法规的规定办理。

非住宅建设用地使用权期限届满后的续期，依照法律规定办理。该土地上的房屋以及其他不动产的归属，有约定的，按照约定；没有约定或者约定不明确的，依照法律、行政法规的规定办理。

法条释义

本条是建设用地使用权续期及土地上的房屋及其他不动产归属的规定。建设用地使用权续期的问题，和老百姓的利益息息相关，立法的本意是保障老百姓安居乐业，使有恒产者有恒心。如果规定住宅建设用地需要申请续期，要求成千上万的住户办理续期手续，不仅难以操作，加重老百姓的负担，也增加了行政管理的成本，不利于社会的安定。

友情提示

村民的宅基地不仅仅是遮风避雨的地方，更是家的根基，代代的传承，所以大家不用担心，宅基地使用权期满后，不需要办理任何申请和审批，自动续期。

如何行使居住权?

案情介绍

王家和与李芳早年因感情不和协议离婚，离婚时双方协议婚生女儿王迪由王家和抚养，位于北京市海淀区的夫妻共同财产房屋一套归王家和所有。王家和承诺王迪可随他一起共同生活在该房屋内。后来王家和与张杨再婚，王家和对该套房产的产权进行了变更，增加了张杨为房屋共有权人，王家和与张杨各占 50% 的份额。不久以后，张杨将王迪赶出家门，不让其居住在该房屋内。为维护合法权益，王迪诉至法院，要求确认对涉案房屋享有居住权。（本案来源于中国裁判文书网）

◆ 法院裁判

法院认为，首先，王家和与案外人李芳之间签订的离婚协议约定王迪由王家和抚养，涉案房屋归王家和所有，王家和与案外人李芳分割房屋时未为王迪设立相应权利。其次，王家和单方承诺王迪可在涉案房屋中居住，该承诺是王家和作为王迪监护人应履行的监护义务，而非法律意义上的居住权。再次，王家和与张杨再婚后对涉案房屋进行了产权变更，王迪与现房屋所有权人王家和、张杨并未签订书面合同，亦未向登记机构办理登记。基于以上论述，现王迪作为成年人要求确认对涉案房屋享有居住权，无权利基础，其主张既不具有民法典施行前的相关法律依据，亦不符合民法典中关于居住权的规定，故法院不予支持。

本案系民法典居住权首案。

◆ 相关法条

民法典第三百六十六条 居住权人有权按照合同约定，对他人的住宅享有占有、使用的用益物权，以满足生活居住的需要。

民法典第三百六十七条 设立居住权，当事人应当采用书面形式订立居住权合同。

居住权合同一般包括下列条款：

(一)当事人的姓名或者名称和住所；

(二)住宅的位置；

(三)居住的条件和要求；

(四)居住权期限；

(五)解决争议的方法。

民法典第三百六十八条 居住权无偿设立，但是当事人另有约定的除外。设立居住权的，应当向登记机构申请居住权登记。居住权自登记时设立。

法条释义

居住权，是指居住权人对他人所有房屋的全部或者部分及其附属设施，所享有的占有、使用、居住的权利。居住权是民法典物权编中新增的亮点制度之一，当事人可以通过订立居住权合同（必须是书面合同）并到不动产登记中心进行登记，约定房屋位置、居住权期限、居住权人等内容，方可生效。居住权让一些弱势的人居有定所、老有所养，这是为社会提供福利的一个重要方式。一旦居住权设立之后，居住权人就有权居住在该房屋内，直至约定的居住期限届满，即使是房屋所有权人也不得行使对该房屋行使居住的权利。

友情提示

登记是居住权行使的必经程序，为了保障居住权人的生活和居住需要，一定要及时办理居住权登记哦。

有抵押的房子可以转让和过户吗？

案情介绍

2017 年 9 月，周小宇以首付 47 万元购买了重庆海伦小区一套总价 105 万元的商品房，并向当地工商银行申请办理了按揭贷款，双方签订了抵押贷款合同，合同对抵押权的转让未做明确约定。2021 年 1 月，周小宇因工作岗位变动要去昆明，经在房产中介工作的朋友介绍，刚毕业的大学生徐璐愿意以 179 万元购买周小宇的房子，周小宇未征得工商银行同意，也未将房子抵押贷款的事情告知徐璐。随后，徐璐支付了定金，在办理抵押权转让和过户的过程中，因产权中心需要出具抵押权人同意的证明，工商银行拒绝出具并声称：该房屋办理了抵押登记，现贷款还有 57 万元一直没有归还，不同意把该房过户给徐璐。那么，有抵押贷款的房子能不能转让和过户呢？徐璐面对双重法律关系，该怎么办？

◆ 答疑解惑

根据民法典第四百零六条的规定，抵押人转让抵押财产不以抵押权人同意为生效或前提条件。如果抵押合同约定，抵押财产不能转让或者转让须经抵押权人同意的，根据意思自治原则，此种约定在当事人之间有效，但此种约定不得对抗善意第三人。所以在抵押期间，抵押房屋能否转让需要依据抵押合同中是否有禁止转让的规定。本案中，周小宇和工商银行对于抵押权的转让没有相关约定，工商银行拒绝配合过户的理由是不能成立的，但是，徐璐通过转移登记而取得的该房屋所有权是有权利瑕疵的，即该房屋上设置的抵押权依然存在，不会因为该房所有权转移而消失，工商银行作为抵押权人仍可主张该房优先受偿来实现债权。

◆ 相关法条

民法典第四百零六条 抵押期间，抵押人可以转让抵押财产。当事人另有约定的，按照其约定。抵押财产转让的，抵押权不受影响。

抵押人转让抵押财产的，应当及时通知抵押权人。抵押权人能够证明抵押财产转让可能损害抵押权的，可以请求抵押人将转让所得的价款向抵押权人提前清偿债务或者提存。转让的价款超过债权数额的部分归抵押人所有，不足部分由债务人清偿。

法条释义

根据本条规定，抵押人对其所有的抵押财产享有占有、使用、收益、处分的权利，抵押期间抵押人可以转让抵押财产，而不需要经过其他人的同意。如果抵押权人与抵押人在设立抵押权时约定抵押人在抵押期间不得转让抵押财产，那么抵押人不能转让抵押财产，但是该约定不得对抗善意受让人。抵押财产转让的，抵押权不受影响，即无论抵押财产转让到哪里，也无论抵押财产的受让人是谁，抵押权人对该抵押财产享有抵押权，在实现抵押权的条件成就时，可以追及该抵押财产并就抵押财产进行变价和优先受偿。

友情提示

在购买二手房产时一定要留意房屋是否具有抵押的情形，若发现房屋上有抵押的情况，仍愿意购买，应与房产所有人一起与抵押权人协商抵押权转让的相关事宜，避免购买的二手房带来不必要的法律风险。

留置权如何优先受偿?

案情介绍

2019年12月,苗小小与贝壳汽车销售公司签订贷款购车合同,苗小小以按揭贷款方式以30.7万元从贝壳公司购买奔驰C200L轿车一辆。同日,贝壳公司又作为苗小小的保证人,在苗小小与华夏银行分行个人汽车消费贷款借款暨保证合同上签字,为苗小小所购车辆办理抵押登记,抵押权人为华夏银行。开着新车的苗小小非常激动,在去办理保险的路上撞到路边的大树上,前引擎盖破损严重。苗小小将车辆交付本地的顺发汽车修理厂维修,维修价款确定为4万元。因受疫情影响,苗小小生意惨淡,资金链断裂,一直没有钱支付车辆按揭贷款和维修款,顺发汽车厂留置了该辆奔驰轿车。随后车辆的抵押权人来到顺发修理厂要变卖奔驰汽车以实现其抵押权,被顺发修理厂拒绝。那么,顺发修理厂的做法是否有法律依据呢?维修价款是否能获得清偿?

◆ 答疑解惑

抵押权虽然被称为“超级优先权”，但是并不代表其在任何情况下都具有最优先受偿的效力，民法典规定买卖价款抵押权人优先于抵押财产买受人的其他担保物权人受偿，但是留置权人除外。留置权是指当债务人不履行到期债务，债权人可以留置已经合法占有的债务人的动产，并有权就该动产优先受偿的一种法定担保物权。同一动产上已经设立抵押权或者质权，该动产又被留置的，留置权人优先受偿。因此,本案中顺发修理厂作为留置权人,其维修价款应当获得优先清偿。

◆ 相关法条

民法典第四百一十六条 动产抵押担保的主债权是抵押物的价款，标的物交付后十日内办理抵押登记的，该抵押权人优先于抵押物买受人的其他担保物权人受偿，但是留置权人除外。

民法典第四百四十七条 债务人不履行到期债务，债权人可以留置已经合法占有的债务人的动产，并有权就该动产优先受偿。

前款规定的债权人为留置权人，占有的动产为留置财产。

民法典第四百五十六条 同一动产上已经设立抵押权或者质权，该动产又被留置的，留置权人优先受偿。

法条释义

留置权行使的对象为动产，一般动产由于其可以移动性，交付视为所有权的转移，动产的很多物权公示不以登记为要件。因此，难免存在同一动产上设定了相互冲突的物权。在同一动产上，可能同时存在不同性质的担保物权，在权利相互冲突时，需要法律规则明确不同权利之间的效力关系。根据本条规定，同一动产上已设立抵押权或者质权，该动产又被留置的，留置权人优先受偿。

友情提示

我们可以合理运用留置权来保障自己的债权，但是记得要妥善保管留置物品哦。

农村宅基地房屋能买卖吗?

案情介绍

小明是某县某社区甲村小组的人，他有闲置的三间土木结构的老房屋及场院。2008年，同社区乙村小组的小强托人来协商，想要购买小明的闲置老房和场院。经过与中间人的再三协商，最后双方以84160元的价格成交，小强搬入老屋居住。

到了2019年，小明向法院提起诉讼，称当时在签订房屋转让协议的时候，双方都对法律不甚了解，也没有向专业的法律服务机构咨询过农村房屋和土地使用权转让的规定，盲目签订了协议。现在才知道自己把在法律上无权处理的土地转让给了小强，造成村小组集体土地流失，因此请求法院确认双方签订的房屋转让协议无效，并让小强返还房屋以及场院。

小明的诉讼请求能否得到法院的支持呢？（本案改编自某市中级人民法院公开发布的真实案例）

◆ 法院裁判

经审理查明，本案房屋所在土地归小明所在的甲村小组集体所有。房屋转让后，小强未将户口迁入到甲村小组，但他在乙村小组也没有其他的宅基地。

法院认为，根据法律规定，农村宅基地属于农村集体所有，由村集体经济组织经营、管理，只有本集体经济组织成员才可以申请使用。小明和小强虽属于同一社区，但是分属不同的村小组，因此本案的争议焦点是：小明和小强是否属于同一集体经济组织？

法院认为，判断小明和小强是否属于同一个集体经济组织，不仅要看小强的户籍归属，还要考虑其生存保障、就业渠道是否依赖集体土地，要考虑其与集体经济组织生活的基础是否在该村、是否承担了该村相应的村民义务。从这个角度看，小明和小强的户籍虽然分属同一社区的不同村小组，但小强的户口登记为农业户口，职业属于粮农，其实际居住和生活地与小明相同，生活来源和收入主要依靠集体土地。所以，本案中的小明、小强双方应属于同一集体经济组织。

我国法律、法规并不禁止同一集体经济组织内宅基地流转，且根据双方签订的协议和各项证据，该协议内容未违反法律强制性、禁止性规定，属双方的真实意思表示，且小强实际入住后宅基地的使用用途并未改变，合同目的对交易双方已经实现。

而且小明、小强达成房屋转让协议距今已经 11 年之久，双方签订协议时有两个村小组组长作为证明人签字，考虑农村的善良风俗和约定俗成，该买卖行为对外起到了公示的作用和效果，小强基于本案买卖房屋的事实形成了稳定的居住环境，现没有其他宅基地，法院判决在倡导对农村宅基地依法、依规使用和处分的同时，也应当充分考虑历史形成、现有状态和一般公众认知，以保障原有交易对于目前秩序的稳定。因此，法院判决驳回了小明的诉讼请求。

◆ 相关法条

民法典第三百六十二条 宅基地使用权人依法对集体所有的土地享有占有和使用的权利，有权依法利用该土地建造住宅及其附属设施。

《中华人民共和国土地管理法》（以下简称土地管理法）第六十二条 农村村民一户只能拥有一处宅基地，其宅基地的面积不得超过省、自治区、直辖市规定的标准。

人均土地少、不能保障一户拥有一处宅基地的地区，县级人民政府在充分尊重农村村民意愿的基础上，可以采取措施，按照省、自治区、直辖市规定的标准保障农村村民实现户有所居。

农村村民建住宅，应当符合乡（镇）土地利用总体规划、村庄规划，不得占用永久基本农田，并尽量使用原有的宅基地和村内空闲地。编制乡（镇）土地利用总体规划、村庄规划应当统筹并合理安排宅基地用地，改善农村村民居住环境和条件。

农村村民住宅用地，由乡（镇）人民政府审核批准；其中，涉及占用农用地的，依照本法第四十四条的规定办理审批手续。

农村村民出卖、出租、赠与住宅后，再申请宅基地的，不予批准。

国家允许进城落户的农村村民依法自愿有偿退出宅基地，鼓励农村集体经济组织及其成员盘活利用闲置宅基地和闲置住宅。

国务院农业农村主管部门负责全国农村宅基地改革和管理有关工作。

法条释义

当我们说“农村宅基地房屋”时，实际包含着三种不同性质的权利：

（1）宅基地所有权。我国实行土地公有制，城市土地所有权属于国家，农村集体土地属于农村集体所有，个人不能成为土地所有权的主体。因此，农村宅基地所有权属于村集体经济组织。

（2）宅基地使用权。这是民法典规定的五大用益物权之一，村民对宅基地没有所有权，但对宅基地享有占有和使用的权利。法律不禁止宅基地使用权在同一集体经济组织内进行转让，但如果村民将自己的宅基地使用权转让给他人后，根据“一户一宅”的原则，不得再次申请宅基地；如果村民将宅基地使用权转让给其他集体经济组织或城镇居民时，转让协议会因违反法律和行政法规的禁止性规定而无效，即城里人不得到农村买房。

（3）房屋所有权。宅基地所有权属于农村集体所有，但宅基地上的房屋则属于村民的私人财产。根据“房随地走”“房地一体”的原则，当村民转让自己农村的房屋时，房屋宅基地使用权也一并转让。因此，转让宅基地房屋时，约定只转让房屋而保留宅基地使用权的条款无效。

友情提示

如果你是城镇居民，千万不要想着到农村买房，城镇居民购买农村房屋的合同是无效的。

城镇户口子女能否继承父母农村的房屋?

案情介绍

张三和小丽系夫妻关系，育有两个儿子小明和小强。小明于1972年以工人身份户口迁入城镇，现为朝阳区居民，小强在父母去世后一直居住在其宅基地上。

张三和小丽夫妻在宅基上共建有8间房，分为东西两院。其中，东院3间老房为张三夫妻、小明、小强一家人于1971年共同出资修建，现在已属于危房没有财产价值；西院5间老房原为张三小丽夫妻于1952所建，在1999年被小强推倒后在原址重建了新房。

现小明起诉至法院，为了纪念父母要求取得该宅基地上东院的3间老房和南侧小配房1间实物作为情感寄托，不同意折价，不同意评估。

小明的诉讼请求能否得到法院的支持呢？（本案来源于中国裁判文书网）

◆ 法院裁判

法院认为，根据土地管理法中农村居民一户一宅的规定，宅基地使用权的主体资格是以户为单位的家庭，在部分年长家庭成员死亡后，由于该户尚存，宅基地使用权应当由剩余户内成员继续享有，并不存在宅基地的继承问题。小明于1972年已经将户口转入城镇，不具备本村村民身份，对农村宅基地没有继承权。对农村宅基地上的老房，小明作为继承人之一，虽有继承份额，鉴于房地一体原则，小明只能对老房价值折价取得继承份额，而不能对农村宅基地上房屋享有所有权。经法院释明，小明明确表示房屋属于危房已没有财产价值，不同意折价分割，不同意价值评估，只要求继承房屋实物，法院驳回了小明的诉讼请求。

关于配房一间，小明主张的小配房一间是1999年小强自己修建，当时小明和小强的父母已经去世，配房不属于小明和小强父母的遗产，因此，对小明主张继承该配房的诉讼请求，不予支持。

◆ 相关法条

民法典第二百六十六条 私人对其合法的收入、房屋、生活用品、生产工具、原材料等不动产和动产享有所有权。

民法典第一千一百二十二条 遗产是自然人死亡时遗留的个人合法财产。

依照法律规定或者根据其性质不得继承的遗产，不得继承。

《中华人民共和国自然资源部对十三届全国人大三次会议第3226号建议的答复》（以下简称《答复》）关于农村宅基地使用权登记问题。农民的宅基地使用权可以依法由城镇户籍的子女继承并办理不动产登记。根据继承法规定，被继承人的房屋作为其遗产由继承人继承，按照房地一体原则，继承人继承取得房屋所有权和宅基地使用权，农村宅基地不能被单独继承。《不动产登记操作规范（试行）》明确规定，非本农村集体经济组织成员（含城镇居民），因继承房屋占用宅基地的，可按相关规定办理确权登记，在不动产登记簿及证书附记栏注记“该权利人为本农民集体经济组织原成员住宅的合法继承人”。

法条释义

自然资源部发布的《答复》就农村宅基地使用权登记问题明确规定：“农民的宅基地使用权可以依法由城镇户籍的子女继承并办理不动产登记。”此答复引起了民众的普遍关注，不少人据此认为农村宅基地可以由城镇户籍子女无条件继承了,但这种理解并不符合该《答复》的本意。关于“宅基地使用及房屋”的继承问题，需要注意以下问题：

第一，城镇户籍子女继承宅基地使用权的前提是“地上有房”。根据土地管理法等相关法律，农村土地包括农村宅基地属于农民集体所有，农村宅基地使用权因农村集体经济组织成员身份而无偿获得，不能被单独继承；但地上的房屋可依据继承法、物权法的规定予以合法继承，因此，无论继承人户口在哪里，都可以继承父母农村宅基地上的房屋。

由于宅基地使用权不能被单独继承，所以，城镇户籍子女要继承父母农村宅基地的前提是“地上有房”，如果父母宅基地上的房屋已灭失，则城镇户籍子女无权单独继承父母的农村宅基地；同理，城镇户籍子女继承父母农村宅基房屋后，原则上不得对房屋进行翻建、改建和扩建等，一旦宅基地上的房屋毁损，城镇户籍子女即丧失农村宅基地的使用资格。

由此可见，农民的宅基地使用权之所以可以依法由城镇户籍的子女继承并办理不动产登记，是因为城镇户籍的子女对宅基地上的房屋有合法继承权，从而根据“房地一体”“地随房走”的原则成为宅基地的实际使用人，但并不意味着城镇子女对农村宅基地有继承权。所以，《答复》明确规定：“因继承房屋占用宅基地的，可按相关规定办理确权登记，在不动产登记簿及证书附记栏注记‘该权利人为本农民集体经济组织原成员住宅的合法继承人’。”

第二，如父母有多个子女，当部分子女仍与父母为同一农户家庭，且未另行分得新的宅基地，则城镇户籍子女不得主张继承宅基地使用权。根据我国的土地管理制度，农村宅基地实行“一户一宅”原则，宅基地使用权的主体资格是以户为单位的家庭，在部分年长家庭成员死亡后，由于该户尚存，宅基地使用权应当由剩余户内成员继续享有，并不存在宅基地的继承问题。对于地上房屋的继承，根据房地一体的原则，在宅基地使用权继续由户内成员享有的情况下，其他城镇户籍继承人只能就地上房屋的折算价值主张继承。

上述所举的案例中，法院之所以不支持小明取得宅基上的三间老房，是因为小强在父母过世后，成为宅基地的使用权人。所以，根据房地一体原则，小明无法取得三间老房实物，而只能主张三间老房的折价款。

第三，农村宅基地的房屋，原则上不适用遗赠。所谓遗赠，是指被继承人采用订立遗嘱的方式，将其个人合法财产于死后赠送法定继承人以外的人。虽然宅基地上房屋可以由城镇户籍的子女继承，但这只是对基于亲缘关系的宅基地上房屋流转的特殊认可，并不意味着在没有亲缘身份关系的人之间可以通过遗赠形式合法取得宅基地上房屋。宅基地使用权具有强烈的人身依附性，其设定是为了给农民基本的生活资料和生活保障，实现居者有其屋的目的。因此，为了避免农村房地资源的流失，不具有本村集体组织成员身份的非亲缘关系人，不得通过遗赠的方式取得农村房屋的所有权和宅基地使用权。

友情提示

如果你属于城镇户籍，虽然对父母农村的房屋有继承权，但需要注意的是，你有权继承的只是宅基上的房屋，而不是宅基地本身。因此，为防止房屋毁坏后丧失宅基使用权，应注意维修保养好房屋，或者可以考虑将房屋卖给同村村民，但不得推倒重建，也不得卖给城镇居民。

合同条款约定不明时，应如何解释？

案情介绍

老杨退休后准备移居到云南某小县城养老，于是决定将自己在大理的一套别墅出售。很快，一位北京客户小张决定购买该套别墅。双方合同约定老杨出售别墅连同别墅装修、室内不可移动的家具、院子内的假山等物一起出售，总价 400 万元。后老杨与小张就别墅内老杨养的 20 盆名贵兰花是否属于“等物”的范围产生争议。

◆ 答疑解惑

买卖双方在合同中约定“连同别墅装修、室内不可移动的家具、院子内的假山等物一起出售”。双方的争议在于“等物”中是否包括老杨在别墅中养的 20 盆名贵兰花，对此双方在合同中并未明确约定，因此应按照民法典合同编的规定，当事人对合同条款的理解有争议的，应当依据该法第一百四十二条第一款的规定确定争议条款的含义。合同文本采用两种以上文字订立并约定具有同等效力的，对各文本使用的词句推定具有相同含义。各文本使用的词句不一致的，应当根据合同的相关条款、性质、目的以及诚信原则等予以解释。本案中应当结合合同相关条款进行解释，由于在合同中列举的别墅装修、室内不可移动家具、假山与20盆名贵兰花并非属于同类物，因此，对“等物”的解释不应包括20盆名贵兰花。

◆ 相关法条

民法典第四百六十六条 当事人对合同条款的理解有争议的，应当依据本法第一百四十二条第一款的规定，确定争议条款的含义。

合同文本采用两种以上文字订立并约定具有同等效力的，对各文本使用的词句推定具有相同含义。各文本使用的词句不一致的，应当根据合同的相关条款、性质、目的以及诚信原则等予以解释。

法条释义

本条规定了当事人对合同条款有争议时的解释方法。首先应当按照民法典第一百四十二条第一款的规定进行解释，该条规定：“有相对人的意思表示的解释，应当按照所使用的词句，结合相关条款、行为的性质和目的、习惯以及诚实信用原则，确定意思表示的含义。”这实际上是指如果需要对合同条款进行解释时，首先要按照合同条款的文字意思进行解释，还要结合合同中其他条款的约定以及订立合同的目的、行业及当事人之间的交易习惯进行解释，最后还应按照诚实信用原则进行解释。

友情提示

合同订立时，合同条文的约定应当尽量明确、清晰，避免出现歧义，对于可以通过具体描述解释的条文，应作具体描述，以防止由于描述不具体而产生歧义。对于“等”这样的概括性语言要谨慎使用。

涉外合同应当适用哪国法律？

案情介绍

中国青山矿业公司与德国莫森公司在新加坡签订了一份关于合作勘探开发云南省某县铜矿（伴生金矿）的合同。合同约定由中方负责在中国境内办理有关审批手续，双方共同出资，德国公司负责提供其先进的勘探技术和技术人员。合同还约定该合同由合同签订地法院管辖，履行出现纠纷适用新加坡法律解决。后合同履行中双方因出资问题出现纠纷，青山矿业公司要求适用中国法律，德国公司要求适用新加坡法律解决。

◆ 答疑解惑

中国青山矿业公司和德国莫森公司签订的合作开发铜矿的合同虽然是由中外双方在新加坡签订的，但合同的履行地在中国境内，按照民法典第四百六十七条之规定在中华人民共和国境内履行的中外合资经营企业合同、中外合作经营企业合同、中外合作勘探开发自然资源合同，适用中华人民共和国法律。因此本案中双方约定适用新加坡法律属于无效约定，本案应当适用中国法律，这是法律的强制性规定，双方不能通过约定进行变更。

◆ 相关法条

民法典第四百六十七条 本法或者其他法律没有明文规定的合同，适用本编通则的规定，并可以参照适用本编或者其他法律最相类似合同的规定。

在中华人民共和国境内履行的中外合资经营企业合同、中外合作经营企业合同、中外合作勘探开发自然资源合同，适用中华人民共和国法律。

法条释义

本条是关于合同法律适用规则的规定。民法典中已经规定了一定名称的合同叫作典型合同，民法典合同编中规定了 19 类典型合同，这些合同可直接适用合同编的相关规定。

但实际生活中还会出现不属于民法典所规定的典型合同的情况，我们把这类合同称为非典型合同。非典型合同只要不违反法律、行政法规的强制性规定和公序良俗，原则上都是有效的。法律对非典型合同没有明确的规定，但并非没有法律适用的依据，而是可以参照合同编或者其他法律最相类似合同的规定。

而对于在中国履行的中外合资经营合同、中外合作经营合同、中外合作勘探开发自然资源合同，由于往往会涉及在中国设立公司、国家安全的管理等问题，对此法律明确规定应当适用中国法律，因此，当事人不得约定变更法律的强制性规定。

友情提示

社会生活丰富多彩，商事活动的内容也各不相同，虽然民法典中规定了 19 种典型合同，但实践中合同的类型会远远超出这 19 种的范围。特别注意有几种涉外合同只要在中国境内履行都要适用中国法律。

仅约定了标的物的合同是否成立?

案情介绍

天安公司是销售大米等粮食的公司，大河大学后勤集团常年向天安公司购买学校食堂用的大米，每学期采购约 10 吨。2021 年初，天安公司开始从柬埔寨进口大米，用于国内市场的供应。2021 年 1 月 4 日，天安公司销售部向大河大学后勤集团发出传真载明：柬埔寨大米质优价廉，是否需要？大河大学后勤集团回复传真明确：需要。后天安公司从柬埔寨进口大米 10 吨，价格每吨 9000 元人民币，并再次询问大河大学后勤集团需要的数量。大河大学后勤集团表示价格过高，不再采买。天安公司认为双方买卖合同已经成立，坚持要求大河大学后勤集团公司履行合同。

◆ 答疑解惑

天安公司与大河大学后勤集团之间的买卖合同并未成立。因为卖方天安公司发出的传真中只包含了买卖的标的是大米，至于数量、质量和价款等条款均未提及，因此，该传真不是符合法定要求的要约。同时，大河大学后勤集团的回复也只表明需要大米，至于数量、质量、价款等约定均未明确，故既非承诺，也非新的邀约。按照民法典的规定，合同的内容由当事人约定，一般包括下列条款：（一）当事人的姓名或者名称和住所；（二）标的；（三）数量；（四）质量；（五）价款或者报酬；（六）履行期限、地点和方式；（七）违约责任；（八）解决争议的方法。而对于买卖合同而言，双方至少应当在合同中约定清楚当事人的姓名或名称、标的和数量，这是买卖合同的必备条款，缺少这些条款将影响合同的成立。

本案中，双方的名称及住所是明确的，标的物也是明确的，但双方并未对数量作出明确约定，故，双方的买卖合同并未成立。在合同未成立的情况下，双方均不承担履行合同义务的责任，大河大学后勤集团公司并不需要承担履行未成立的买卖合同的责任。

◆ 相关法条

民法典第四百七十条 合同的内容由当事人约定，一般包括下列条款：

（一）当事人的姓名或者名称和住所；

（二）标的；

（三）数量；

（四）质量；

（五）价款或者报酬；

（六）履行期限、地点和方式；

（七）违约责任；

（八）解决争议的方法。

当事人可以参照各类合同的示范文本订立合同。

法条释义

按照合同自由原则，合同内容应当由当事人在法律规定的范围内自由约定。民法典第四百七十条中“合同内容由当事人约定”就体现了当事人可以自由决定合同内容的权利，只要约定不违反法律的强制性规定和社会公序良俗就能对当事人产生法律上的约束力。

对于某类具体的合同应当包括哪些必要的条款法律无法作出穷尽，但一般来说合同的内容中应当包括哪些条款也有一定的规律。因此，民法典中给出了建议，当事人在订立合同时可参考上述建议。如买卖合同中一般应当包括当事人的姓名或者名称和住所、标的、数量、价款等条款。当然，由于是建议性的条款，如果合同中不具备上述一项或者某几项条款，并不必然导致合同不能成立。

友情提示

订立合同应当充分尊重当事人的合同自由，由当事人自行约定合同条款的内容，同时也可以参照合同法中对一般条款的规定拟定合同条款，同时也要考虑不同类型的合同对于必备条款的要求是不同的，在拟定合同中尽量不要遗漏必备条款，这种遗漏最后可能导致合同不成立。

商业广告可以成为合同内容吗?

案情介绍

王阿姨是居住在昆明市的一名退休职工，平常负责接送孙子上学和放学。一天早上送孙子上学后，在路上遇到一位年轻姑娘正在散发楼盘的广告单，王阿姨把广告单接过来以后便回家了。回到家后，王阿姨看到广告上说学校附近的春阳小区已有现房出售，每平方米8000元人民币，主要为五至十楼且南北向的80平方米左右的住房，现房产预售的所有审批均已获得，一周内到售楼中心签订预订合同的客户均可享受广告中的所有购房条件。王阿姨觉得孙子读书如果近一点就可以让他多睡一会儿，而这个楼盘就在学校对面，价格也不贵。于是，第二天就到售楼处与春阳房地产开发有限责任公司签了预订合同。之后，王阿姨要求和春阳房地产开发有限责任公司按照广告中的条件签订正式的购房合同。春阳房地产开发有限责任公司表示，那只是广告，不能当作签约的条件。

◆ 答疑解惑

春阳房地产开发有限责任公司所发放的广告中已有对销售房产的价格等条件进行了具体描述，且也有一周内到售楼中心签订预订合同的客户均可享受广告中的所有购房条件的表述，是符合法律要求的要约。王阿姨按照要约要求签订了预购合同，并要求按照广告中约定条件与开发商签订房屋买卖合同这一意思表示已构成合法的承诺。根据民法典的规定,要约邀请是希望他人向自己发出要约的表示。拍卖公告、招标公告、招股说明书、债券募集办法、基金招募说明书、商业广告和宣传、寄送的价目表等为要约邀请。

法律同时规定商业广告和宣传的内容符合要约条件的，构成要约。民法典第四百七十九条规定，承诺是受要约人同意要约的意思表示；第四百八十三规定，承诺生效时合同成立，但是法律另有规定或者当事人另有约定的除外。因此，本案中双方的房屋买卖合同已经成立，双方应履行相关的合同义务。

◆ 相关法条

民法典第四百七十二条　要约是希望与他人订立合同的意思表示，该意思表示应当符合下列条件：

（一）内容具体确定；

（二）表明经受要约人承诺，要约人即受该意思表示约束。

民法典四百七十三条　要约邀请是希望他人向自己发出要约的表示。拍卖公告、招标公告、招股说明书、债券募集办法、基金招募说明书、商业广告和宣传、寄送的价目表等为要约邀请。

商业广告和宣传的内容符合要约条件的，构成要约。

民法典第四百七十九条　承诺是受要约人同意要约的意思表示。

民法典第四百八十三条　承诺生效时合同成立，但是法律另有规定或者当事人另有约定的除外。

法条释义

民法典第四百七十二条对要约应当符合的条件作出了规定，这也是区分要约与要约邀请的标准。民法典第四百七十三条是对要约邀请的规定，所谓要约邀请是希望他人向自己发出要约的表示，其表现形式有多样，如一般的广告宣传。但如果商业广告的内容已经符合了要约的两个必备要件：（一）内容具体确定；（二）表明经受要约人承诺，要约人即受该意思表示约束。则商业广告就具有了要约的特征，构成要约。

民法典第四百七十九条对承诺的概念作出了解释，即是受要约人同意要约的意思表示。一般情况下承诺的内容应当与要约的内容一致，但从鼓励交易出发，只要求承诺不改变要约的实质性内容即可构成承诺。

民法典第四百八十三条是对合同成立时间的规定，合同在性质上属于当事人之间的协议，双方达成合意就意味着合同成立，而双方达成合意的标志就是承诺生效，如果法律没有另行规定，当事人也未另行约定合同成立的时间，则承诺生效合同就成立。

友情提示

符合要约条件的商业广告也能构成要约，此时，对商业广告的承诺生效后，双方的合同就成立了，在当事人双方之间就会产生合同的权利义务关系。

网购时取消订单需要承担责任吗？

案情介绍

张小姐在一家二手包交易平台上看中了一个包，是自己喜欢的牌子，价格 5000 元也合适，于是马上提交了订单。下单成功后她把图片发给小姐妹看，小姐妹说这是前几年的老款包包，款式有些过时了，于是张小姐和平台联系，要求取消订单。平台表示，提交订单成功后双方合同关系就已经成立，平台已经发货了，如果要取消订单，应承担违约责任，这在提交订单前的说明中平台已经说明，张小姐也已经同意。但张小姐坚持要求取消订单，要求平台退还货款 5000 元。

◆ 答疑解惑

根据民法典的规定，当事人采用信件、数据电文等形式订立合同要求签订确认书的，签订确认书时合同成立。若当事人一方面通过互联网等信息网络发布的商品或者服务信息符合要约条件的，对方选择该商品或者服务并提交订单成功时合同成立。张小姐在购物平台上提交订单成功后合同已经成立。此时，如果张小姐要取消订单则应按照解除合同处理，双方若已经对单方解除合同约定了责任，则应当按照约定承担相应的责任。

◆ 相关法条

民法典第四百九十一条 当事人采用信件、数据电文等形式订立合同要求签订确认书的，签订确认书时合同成立。

当事人一方通过互联网等信息网络发布的商品或者服务信息符合要约条件的，对方选择该商品或者服务并提交订单成功时合同成立，但当事人另有约定的除外。

法条释义

本条是对特殊情况下的合同成立条件。一种是当事人采用信件、数据电文订立合同时，此时双方通常身处两地，若任何一方提出签订确认书都是合理的，同时也可视为是对合同的成立所附条件。

在电子商务的背景之下，传统的承诺、要约的明确划分出现困难，对此由法律明确当选择商品或者服务并提交订单成功时合同成立，从合同理论来说，此时买卖双方已经达成了出售和购买商品或服务的一致意思表示，认定合同已经成立符合合同的本质要求。

友情提示

特别要注意的是网购下单应谨慎，因为下单成功后往往意味着合同已经成立，不能随便解除，否则可能面临相应的法律责任。

只按手印的合同是否有效?

案情介绍

张大爷种了若干草果，并和一家农产品销售公司签订了合同。双方约定这家公司以每公斤 40 元的价格收购张大爷种植的草果，由该公司负责在网上销售。由于张大爷不会写字，于是他在农产品销售公司打印出来且已盖了公章的收购合同上按上了自己的指印。后由于草果价格大跌，农产品销售公司不愿意再收购张大爷种植的草果，提出由于张大爷没有在合同上签字，故该合同并未成立。

◆ 答疑解惑

根据民法典的规定，当事人采用合同书形式订立合同的，最后签名、盖章或者按指印的地点为合同成立的地点，但当事人另有约定的除外。由此可见在订立书面合同时按指印与签名和盖章具有同等的法律效力，都是对合同内容的确认。本案中由于农产品公司已经在合同上盖章，张大爷也已经在合同上按了指印，双方意思表示一致，故合同已经成立。

◆ 相关法条

民法典第四百九十三条 当事人采用合同书形式订立合同的，最后签名、盖章或者按指印的地点为合同成立的地点，但当事人另有约定的除外。

法条释义

该条虽然规定的是合同成立地点的确定规则，但合同成立地点首先可以由当事人进行约定，如果没有约定法律将合同最后承诺生效的地点作为合同成立地，而当事人进行承诺的标志可以是签名、盖章或者按手印，对于自然人可以是签名或按手印，故按手印也是表明承诺的方式之一，最后的按手印地也可作为合同成立的地点。

友情提示

民法典将按手印、签字和盖章都作为确认意思表示的法定标志，原因是中国幅员辽阔、人口众多，确实存在一部分人不会书写的情况。从习惯的做法来看，按指印也是确认意思表示的一种方式，也可以作为确认合同成立的方式。

煤气公司能否拒绝用户的用气申请?

案情介绍

张明在滇新市的春意小区买了一套商品房。商品房交房后张明就赶紧装修，装修结束配好家电准备入住。此时张明发现新居煤气没有通，于是联系了市煤气公司申请接通煤气。公司回复说虽然煤气管道的确已经修通到了张明所在的春意小区，但由于今年冬天全市煤气供应总量有限，而春意小区所在位置较为偏僻，住户也较少，现在暂时不能供气，等小区住户过半后可以同意张明申请，与其签订供气合同。

◆ 答疑解惑

由于煤气公司作为公共服务企业具有特殊的社会责任和法律责任，根据民法典的规定，国家根据抢险救灾、灾情防控或者其他需要下达国家订货任务、指令性任务的，有关民事主体之间应当依照有关法律、行政法规规定的权利义务订立合同。依照法律、行政法规的规定负有发出要约义务的当事人，应当及时发出合理的要约。依照法律、行政法规的规定负有作出承诺义务的当事人，不得拒绝对方合理的订立合同要求。煤气公司作为向社会提供民生必需品的公共服务企业，当要约人张明要求与其签订供气合同时具有强制承诺的义务。这是法律的强制要求，也是保护社会公共利益的需要，供气量有限和春意小区位置偏僻都并非免除煤气公司承诺义务的法定理由。

◆ 相关法条

民法典第四百九十四条 国家根据抢险救灾、灾情防控或者其他需要下达国家订货任务、指令性任务的，有关民事主体之间应当依照有关法律、行政法规规定的权利义务订立合同。

依照法律、行政法规的规定负有发出要约义务的当事人，应当及时发出合理的要约。

依照法律、行政法规的规定负有作出承诺义务的当事人，不得拒绝对方合理的订立合同要求。

法条释义

本条是对强制缔约义务的规定，所谓强制缔约是指一方当事人提出缔结合同的请求，另一方当事人就依法负有法定的、与之缔结合同的义务。这是对合同自由的一定限制，体现了法律对社会公平的保护。

如果国家出现抢险救灾、疫情防控或者其他需要下达国家订货任务、指令性任务，民事主体就负有订约的义务，同时合同的内容上也应当根据指令性任务或国家订货任务的具体要求。

如果法律或行政法规有规定一方当事人必须向另一方当事人作出要约的意思表示，此时发出要约成为相关义务主体的法定义务；同时如果法律和行政法规规定了一方当事人有接受他人要约的义务，此时承诺就是法律规定的强制性义务。

友情提示

在法定条件下合同主体间存在强制缔约、强制要约和承诺的义务，这是对合同自由的限制，但同时也体现了对社会公共利益的保护，当我们遇到国家抢险救灾、疫情防控等需要与国家订立并履行相关订货任务时，积极订约、履约是法律的要求，也是维护公共利益的需要。

签认购书需要承担责任吗?

案情介绍

张海准备结婚买房，于是就在滇新市的各个新楼盘询问、比较，希望找到符合自己要求的楼房后再入手。后来张海到了一个叫春风里的楼盘售楼处时，销售人员十分热情，告诉张海说这里房价只要 8000 元每平方米，且小区配套了幼儿园、优质小学和中学，一旦购房将来子女入学就没有困难了。销售人员看到张海有些动心，于是劝张海先签订认购书，认购书对房产的价格、面积已有明确约定，且要求购房者应当在认购书签订后的一周内签订正式的房屋买卖合同。张海认为认购书不是正式的合同，不需要承担法律责任，于是就签下了认购书。一周后售楼部给张海打来电话，要求张海去签订正式的房屋买卖合同。张海认为该楼盘离自己工作地点太远，上班不方便，不愿签订正式的购房合同。开发商要求张海承担认购书中约定的义务，与开发商订立正式的商品房买卖合同，否则应赔偿 5000 元违约金。

◆ 答疑解惑

根据民法典的规定，当事人约定在将来一定期限内订立合同的认购书、订购书、预订书，构成预约合同。当事人一方不履行预约合同约定的订立合同义务的，对方可以请求其承担预约合同的违约责任。张海与开发商已经在认购书中约定了不履行签订正式的商品买卖合同的违约责任是5000元的违约金，这一约定符合法律的规定。

◆ 相关法条

民法典第四百九十五条 当事人约定在将来一定期限内订立合同的认购书、订购书、预订书等，构成预约合同。

当事人一方不履行预约合同约定的订立合同义务的，对方可以请求其承担预约合同的违约责任。

法条释义

本条是对预约合同的规定，所谓预约合同是指当事人达成的，约定在将来一定期限内订立合同的允诺或协议，具体体现为本条所规定的认购书、订购书、预订书等。由于预约合同本身也是双方达成一定合意的体现，对此法律予以尊重和保护，并规定了违反预约合同也应承担相应的违约责任。

友情提示

在签订认购书、订购书、预订书等看似并非合同的文件时应当谨慎。因为这些文件中往往也是双方协商一致的表现，其中也规定了双方的权利和义务。对此应当尊重和履行，否则也可能承担相应的违约责任。

格式条款对消费者有没有效?

案情介绍

王康入职一家公司，负责程序开发工作，公司已经为其购买了医保。但王康觉得自己工作十分繁忙，有时还要加班，自己现在虽然身体健康，但为了未雨绸缪，他决定自己再购买一份医疗方面的商业保险，以便自己出现一些大病时没有后顾之忧。王康找到了自己在天天乐保险公司工作的同学李安，请他给自己推荐一款合适的保险产品。李安按照王康的要求推荐了一款名为岁岁好的保险产品，并将保险合同提供给王康，也对哪些情况保险公司免责进行了说明。由于大家都是同学，十分熟悉，王康对李安也很信任，很快就签订了保险合同，并按照约定支付了保险费。

两个月后，王康突发脑梗死住院，在医院医治三个多月后基本康复，自费的医疗费花去 28000 元。王康要求天天乐保险公司按照保险合同进行全额理赔，保险公司回复，王康的病属于投保前应到三甲医院检查后，获得相关证明才可全额理赔的疾病；如果现在要获得全额理赔应该再去三甲医院补一个证明，说明投保前无相关疾病。保险公司还解释说保险合同中对此规定是十分清楚的，王康不应当不知道，王康找出合同仔细阅读，确实有此约定，但和其他条款写在一起，自己并未注意，投保时李安并未对此进行过解释。

王康认为保险合同中关于相关疾病理赔应先获得三甲医院的证明这一条款不属于合同内容，并要求保险公司按照合同其他条款对自己产生的医药费进行理赔。

◆ 答疑解惑

保险公司提供给王康的保险合同是保险公司为了重复使用而预先拟定，在订立合同前也未与王康协商合同内容，属于格式条款。根据民法典的规定，格式条款是当事人为了重复使用而预先拟定，并在订立合同时未与对方协商的条款。采用格式条款订立合同的，提供格式条款的一方应当遵循公平原则确定当事人之间的权利和义务，并采取合理的方式提示对方注意免除或者减轻其责任等与对方有重大利害关系的条款，按照对方的要求，对该条款予以说明。提供格式条款的一方未履行提示或者说明义务，致使对方没有注意或者理解与其有重大关系条款的，对方可以主张该条款不成为合同的内容。

本案中，对于脑梗死住院理赔需要在三甲医院开具证明的约定属于与王康有重大利害关系的条款，对此，保险公司应当提示王康注意。但在签订保险合同时保险公司并未尽到提示的义务，对此民法典规定应当认定为该条款不成为保险合同的内容。因此，保险公司应当按照除上述条款以外的条款对王康进行理赔。

◆ 相关法条

民法典第四百九十六条　格式条款是当事人为了重复使用而预先

拟定，并在订立合同时未与对方协商的条款。

采用格式条款订立合同的，提供格式条款的一方应当遵循公平原则确定当事人之间的权利和义务，并采取合理的方式提示对方注意免除或者减轻其责任等与对方有重大利害关系的条款，按照对方的要求，对该条款予以说明。提供格式条款的一方未履行提示或者说明义务，致使对方没有注意或者理解与其有重大关系条款的，对方可以主张该条款不成为合同的内容。

法条释义

本条规定了格式条款的基本含义，是指一方当事人为了反复使用而预先制定，并由不特定的合同相对方接受的条款，格式条款是由一方单独制定且未与合同相对方协商的条款。

提供合同一方在制定格式条款时应当遵循公平原则，在设定权利义务时不得损害对方的利益。同时法律还规定了格式条款制定方的提示义务和说明义务，对于合同中免除或减轻自身责任等与对方有重大利害关系的条款应当提示对方，并按对方要求予以说明。实践中，提示的方法可以是使用足以引起对方注意的文字、符号、字体等特别标识。若对方要求说明的，则提供格式条款一方有义务予以说明。

若制作格式条款一方未尽到提示和说明义务，相关格式条款可能被认定为不是构成合同的组成部分。

友情提示

作为接受格式条款的一方，应当认真阅读其中免除或者减轻提供合同一方责任的条款，和其他与自身有重大利害关系的条款，并主动要求对方进行相应说明。若对方未提示有关条款，或者未按照你的请求进行说明，则该条款不能作为合同的组成部分，不能对合同双方产生拘束力。

完成悬赏广告能否要求支付报酬?

案情介绍

张小娃今年 10 岁，小学三年级学生，住在云安小区。这天吃完晚饭，张小娃和同小区的同学陈晓宇一起在小区玩。在小区的一处小广场游戏时跑来一只小狗，小狗十分可爱，两人和小狗玩了一会儿也未见小狗主人出现。张小娃回家时，小狗也跟着张小娃回家了。第二天，张小娃在小区看到寻狗启事，上面的小狗正是自己领回家的小狗。寻狗启事声明帮助寻回小狗者，小狗主人将酬谢 1000 元人民币。

张小娃按照寻狗启事上留的电话联系了小狗主人，并将小狗还给了主人。当张小娃向主人提出应按照声明的内容支付 1000 元报酬时，主人表示，张小娃是小朋友，寻狗启事声明的报酬支付不适用于他。张小娃将此事告诉了父母，其父母认为张小娃有索要报酬的权利，向小狗主人要求支付张小娃 1000 元报酬。

◆ 答疑解惑

本案中狗主人的寻狗启事的实质是一种悬赏广告，该广告是向不特定人发出，内容是完成寻找小狗的行为后可获得 1000 元的报酬。张小娃完成了寻狗启事中所规定的寻找到小狗的行为，按照民法典的规定，悬赏人以公开方式声明对完成特定行为的人支付报酬的，完成该行为的人可以请求其支付。张小娃确属限制民事行为能力人，但本条中可以要求支付报酬的人是完成悬赏广告要求特定行为的人，并非必须为完全民事行为能力人，限制民事行为能力人也有权要求支付相应报酬，符合法律的立法原意。故张小娃有权要求狗主人支付 1000 元报酬。

◆ 相关法条

民法典第四百九十九条　悬赏人以公开方式声明对完成特定行为的人支付报酬的，完成该行为的人可以请求其支付。

法条释义

本条是对悬赏广告的规定，所谓悬赏广告是指悬赏人以广告形式作出声明，对于完成特定行为的人给予一定报酬。悬赏广告从性质上看属于单方法律行为，只要完成了悬赏广告中规定的特定行为，则无论行为人是否是完全民事行为能力人，也无论行为人事先是否知道悬赏广告的存在，都有权按照悬赏广告的声明要求支付报酬。

友情提示

悬赏广告一经作出，即具有一定法律效力，只要履行了悬赏广告中规定的行为，就有权要求按照悬赏广告支付报酬，而悬赏广告人也因此应承担支付报酬的义务。

欺诈签订合同需要承担什么法律责任?

案情介绍

李小美和赵大勇准备结婚，决定买一套住宅公寓用于婚后居住，于是两人便在滇新市各处新开楼盘挑选。两人找到一处离城不远，交通方便，价格也合适的楼盘，开发商是幸福房地产有限责任公司。根据开发商介绍，这是住宅公寓，有70年的产权，最适合婚后居住，两周内全款支付，则有10%的优惠。小两口觉得这个楼盘很合适，于是回去筹钱，赵刚是赵大勇的父亲，听说小两口在筹钱，自己手上钱也不够，于是就把自己居住的房子抵押给银行请求贷款。贷款时花去评估等费用10000元。银行表示贷款合同最短也要签三个月，三个月内不得提前还款，前三个月利息10000元。赵刚将从银行获得的贷款交给小两口，让他们去付款并签订购房合同。

小两口来到售楼处准备付款并签订购房合同时，李小美认真阅读了合同，发现该楼盘是商住公寓，而并非住宅公寓，土地使用权也不是70年，两人不愿再签合同；且认为开发商有欺诈行为，要求开发商赔偿贷款过程中支付的费用。开发商不愿意赔偿，坚持要求与小两口订立房屋买卖合同。

◆ 答疑解惑

开发商幸福房地产有限责任公司在销售楼盘过程中告知了李小美、赵大勇虚假的事实，谎称销售楼盘是住宅公寓，土地使用权70年，导致李小美、赵大勇筹措房款过程中支付了20000元的费用，这一损失与房地产开发商告知的虚假事实有直接的因果关系。根据民法典的规定，当事人在订立合同过程中有下列情形之一，造成对方损失的，应当承担赔偿责任：（一）假借订立合同，恶意进行磋商；（二）故意隐瞒与订立合同有关的重要事实或者提供虚假情况；（三）有其他违背诚实信用原则的行为。因此，李小美、赵大勇有权拒绝订立房屋买卖合同，幸福房地产开发有限责任公司应赔偿两人20000元人民币。

◆ 相关法条

民法典第五百条 当事人在订立合同过程中有下列情形之一，造成对方损失的，应当承担赔偿责任：

（一）假借订立合同，恶意进行磋商；

（二）故意隐瞒与订立合同有关的重要事实或者提供虚假情况；

（三）有其他违背诚实信用原则的行为。

法条释义

本条是对缔约过失责任的规定。缔约过失责任是指在合同订立过程中，一方因违背其依据诚实信用原则和法律规定的义务而导致另一方信赖利益的损失，应承担损害赔偿责任。缔约过失的主要表现形式有三种：一种是假借订立合同，恶意磋商，如磋商的目的是让对方丧失其他商业机会；第二种是订立合同过程中有欺诈行为，如告知对方虚假事实；第三种是其他违背诚信原则的行为。在订立合同过程中一方基于对对方的信赖而为缔结合同做了准备工作，而对方存在上述三种过失行为，对这种因缔约准备行为而产生的损失应当进行赔偿。

友情提示

订立合同过程中要防范对方出现恶意磋商、欺诈、违背诚实信用等行为，若已经发现对方有上述行为，应当避免为订立合同支出不必要的费用。若事先未能发现对方的缔约过失行为，在缔约时才发现，也应积极维权，要求有缔约过失的一方承担相应的法律责任。

法定代表人超越权限订立的合同是否有效?

案情介绍

张大富是欣欣公司的法定代表人。欣欣公司在设立之时通过股东约定，公司签订金额不足10万元的合同由公司法定代表人直接签署即可；签订金额超过10万元以上的合同应当经公司股东会同意后由法定代表人签署。

后张大富代表欣欣公司与向荣公司签订了购买钢材的合同，合同金额20万元，合同上有张大富的签名和公司的盖章。欣欣公司拒不支付货款，其理由是张大富的代理行为属于越权代理，其签订的合同无效。向荣公司则坚持认为双方签订的买卖合同有效，并要求欣欣公司支付货款20万元。

◆ 答疑解惑

张大富作为欣欣公司的法定代表人有权代表欣欣公司实施民事行为。作为善意相对人的向荣公司与欣欣公司签订合同时，知道张大富是欣欣公司的法定代表人，其行为代表欣欣公司。对于欣欣公司内部股东会约定的签约授权，向荣公司并不知晓，其属于善意相对人。张大富虽然超越授权进行签约，但其代理行为已构成表见代理，即向荣公司有合理的理由相信其有代理权。根据民法典的规定，法人的法定代表人或者非法人组织的负责人超越权限订立的合同，除相对人知道或者应当知道其超越权限外，该代表行为有效，订立合同对法人或非法人组织发生效力。故张大富的代理行为有效，其代理欣欣公司签订的合同有效。

◆ 相关法条

民法典第五百零四条 法人的法定代表人或者非法人组织的负责人超越权限订立的合同，除相对人知道或者应当知道其超越权限外，该代表行为有效，订立合同对法人或非法人组织发生效力。

法条释义

本条规定了签订合同中的表见代表制度，是指法人的法定代表人或者非法人组织的负责人代表法人或者非法人组织对外订立合同，如果第三人不知道或者不应当知道该法定代表人、负责人超越权限，该合同对法人或者非法人组织发生效力。

友情提示

在与法人签订合同时，如果是由其法定代表人签字，一般可认为是代表法人签字，除非已经明知其不能代表法人。作为法人而言，其内部对于法定代表人授权的限制并不当然对外部的第三人产生效力，作为外部的第三人对于法定代表人的一般认识是其有权代表公司实施民事法律行为，这一认识通常也符合法律的一般规定。

合同约定的免责条款都有效吗？

案情介绍

冬天到了，李小美带着自己一家人来到了附近的暖暖温泉度假村泡温泉。在办理相关手续时度假村的前台让李小美签署了合同，里边约定了李小美应当支付的价款、度假村提供的各项服务等内容。同时合同还约定，

在度假村泡温泉时李小美一家受到任何人身伤害的，度假村不负责赔偿。后来，李小美的母亲在度假村的浴室中由于地板积水而摔倒骨折，花去医疗费等费用共计9000元。李小美要求度假村进行赔偿，度假村认为双方在事先签订的合同中已经明确了自己的免责内容，因此自己不承担赔偿责任。

◆ 答疑解惑

根据民法典的规定，合同中涉及免除一方造成对方人身损害的条款无效。虽然李小美与度假村已经签订了合同，合同中也约定了度假村对于李小美母亲在度假村消费期间受到任何人身伤害时，度假村均

不承担赔偿责任，但该免责条款由于违反法律的强制性规定而无效。度假村在为消费者提供服务过程中未能尽到合理的安全保障义务，应承担相应的责任，故度假村应赔偿李小美母亲医疗费等9000元。

◆ 相关法条

民法典第五百零六条 合同的下列免责条款无效：

（一）造成对方人身损害的；

（二）因故意或者重大过失造成对方财产损失的。

法条释义

本条是对合同免责条款的限制性规定。在合同自由的基本原则之下，合同当事人双方可以根据协商一致的结果达成合同，法律一般不做过多干涉。但合同自由并非不受任何限制，法律基于社会公共利益和公序良俗的考虑，都会对合同自由作出一定的限制。本条就是出于对社会公共利益的考虑对合同的免责条款进行了限制，对于人身权的保护一直是法律关注的重点，若允许一方通过免责条款免除自身责任，对于一般民事主体人身权的保护必然不利。而对于故意或者重大过失造成他人财产损失的行为也可免责，显然违背社会的公序良俗，对此法律应当限制。法律规定了两类免责约定无效，是对合同自由的一种限制，能够更好地保护普通民事主体的人身权和财产权。

友情提示

如果在签订合同时双方约定了一定的免责条款，此类免责条款也应符合法律的强制性规定，法律对造成对方人身损害和故意或重大过失造成对方财产损害的免责条款是有所限制的，对于这两种情形并不能通过免责约定而免除自身应当承担的法律责任。

合同对标的物的质量约定不明如何处理?

案情介绍

醇香公司是一家专门生产高级蛋糕的公司，由于用料考究，深得客户喜爱。麦香公司是醇香食品有限公司的原料供应商，多年来一直向醇香公司供应生产蛋糕的面粉和其他食品原料。新的一年，双方签订了新的供货合同，合同约定麦香公司每月应向醇香公司供应用于生产蛋糕的面粉2000公斤，对于价款及交货时间等也作了约定，但双方对于面粉的质量未作具体约定。醇香公司认为双方合作多年，对于面粉的质量无须具体约定。后麦香公司给醇香公司运去2000公斤面粉，醇香公司发现是饺子粉而非烘焙蛋糕的面粉，要求退货。麦香公司拒绝退货，认为双方对面粉的质量未作约定，其提供的是符合食品安全的面粉。

◆ 答疑解惑

醇香公司与麦香公司已经签订了面粉买卖合同，是双方协商一致的结果，该合同有效。但由于合同中双方未对面粉的质量标准作出明确约定，因此应当依照民法典中有关对合同内容约定不明确时如何确定合同相关条款的原则予以确定。民法典规定，质量要求不明确的，按照强制性国家标准履行；没有强制性国家标准的，按照推荐性国家标准；没有推荐性国家标准的，按照行业标准；没有国家标准、行业标准的，按照通常标准或者符合合同目的的特定标准履行。在本案中，双方没有约定具体的质量标准，也无国家强制性标准、推荐性标准、行业标准可供选择，此时，应当按照合同的目的确定面粉的标准。本案中双方对于醇香公司购买面粉的目的是用于烘焙蛋糕均已知晓，故，应当按照符合烘焙蛋糕要求的标准确定面粉的质量要求。而本案中麦香公司供应的面粉是用于包饺子的面粉，明显不符合合同目的，故，醇香公司有权要求退回 2000 公斤饺子粉。

◆ 相关法条

民法典第五百一十一条 当事人就有关合同内容约定不明确，依据前条规定仍不能确定的，适用下列规定：

（一）质量要求不明确的，按照强制性国家标准履行；没有强制性国家标准的，按照推荐性国家标准履行；没有推荐性国家标准的，按照行业标准履行；没有国家标准、行业标准的，按照通常标准或者符合合同目的的特定标准履行。

（二）价款或者报酬不明确的，按照订立合同时履行地的市场价格履行；依法应当执行政府定价或者政府指导价的，依照规定履行。

（三）履行地点不明确的，给付货币的，在接受货币一方所在地履行；交付不动产的，在不动产所在地履行；其他标的，在履行义务一方所在地履行。

（四）履行期限不明确的，债务人可以随时履行，债权人也可以随时请求履行，但是应当给对方必要的准备时间。

（五）履行方式不明确的，按照有利于实现合同目的的方式履行。

（六）履行费用的负担不明确的，由履行义务一方负担；因债权人原因增加的履行费用，由债权人负担。

法条释义

本条是当合同对某些条款约定不明时，依据补充协议和交易习惯仍然不能明确时，民法典对相关条款的推定原则作出了规定。

当质量约定不明时，逐一适用强制性国家标准、推荐性国家标准、行业标准、通常标准或符合合同目的的标准；当价款或者报酬约定不明的，有政府定价或者政府指导价的，依照规定，没有则按照订立合同时的市场价格；履行地约定不明的，一般推定在履行义务一方所在地履行，给付货币的在接受货币一方所在地履行，交付不动产的在不动产所在地履行；履行期限约定不明的则债权人和债务人都可以随时请求履行，但应给对方必要的准备时间；履行方式约定不明的，推定以有利于实现合同目的的方式履行；履行费用约定不明的由履行义务一方负担，因债权人原因增加履行费用的，由债权人负担。

友情提示

在起草合同条款时，对于合同有关质量、价款、履行地点、履行期限、履行方式、履行费用等重要内容最好能够约定清楚，避免不明和歧义。对于约定不明时虽然可以通过法律规定的规则进行推定解释，但由于事后的解释并不一定能够反映当时当事人双方的真实意思，因此必然存在一定风险。

出卖他人之物的买卖合同有效吗？

案情介绍

张大强和李春花是夫妻，两人有一个儿子张小强。张小强工作后一直在外租房，后因准备和女友李小美结婚，两人商量买一套商品房作为婚房。两人因为工作时间不长，没有多少积蓄，于是张小强和父母商量把父母居住的房子卖掉，买一套大一点的房子大家一起居住，但父母坚决不同意。一天，张小强路过一家中介时顺便进去咨询卖房事宜，中介工作人员钱多多了解情况后觉得这是一单生意。钱多多告诉张小强说可以出售其父母的房产，但必须标明房产属于张小强，等实际交易时再说服其父母同意就行。张小强接受了钱多多的建议，就把父母的房产委托中介出售。

后来，买房人赵大勇在中介公布的房产信息中看到这套房产的信息，决定购买。在钱多多的撮合下，张小强和赵大勇签订了房产买卖合同，合同总价款为100万元，合同中房产所有权人写的是张小强的名字。赵大勇将10万元预付款交给了张小强，约定了由于卖方原因导致不能过户的违约责任为合同总价款的20%。张大强夫妇知道此事后，坚决不同意出售房产，赵大勇只好将张小强起诉至法院，要求解除合同，并承担20万元的违约金。

◆ 法院裁判

赵大勇与孙小强属于完全民事行为能力人，签订房产买卖合同属于双方的真实意思表示，该买卖合同的内容也不违反国家法律的强制性规定，不违背社会公序良俗，因此，双方签订的买卖合同有效。但由于孙小强对出售的房产并未取得处分权，故，孙小强不能履行过户等法律义务。根据民法典的规定，因出卖人未取得处分权致使标的物所有权不能转移的，买受人可以解除合同并请求出卖人承担违约责任。法律、行政法规禁止或者限制转让的标的物，依照其规定。因此，买房人赵大勇有权要求解除合同，并由孙小强承担约定的违约责任。

◆ 相关法条

民法典第五百九十七条　因出卖人未取得处分权致使标的物所有权不能转移的，买受人可以解除合同并请求出卖人承担违约责任。

法律、行政法规禁止或者限制转让的标的物，依照其规定。

法条释义

出卖人出卖了未取得处分权之物时，只要买卖双方属于符合法律要求的民事主体、双方意思表示真实，不属于法律禁止或限制流通物，则买卖合同应属有效。但由于卖方处分了无权处分物，致使其无法履行其交付的义务，此时买方可以要求卖方解除合同并承担相应的违约责任。

对于买卖禁止流通物的，由于违反法律的效力性强制规范而被认定为无效合同。如果买卖合同的标的物是限制流通物，该买卖合同属于办理批准等手续才能生效的合同，取得行政许可属于买卖合同的法定特别生效条件。

友情提示

订立买卖合同时，作为买方应当了解清楚卖方对于出售的财产是否具有合法的处分权，避免出现合同不能履行的情况；作为卖方应当知道如果自己处分了无权处分的财产，可能会面临支付违约金等违约责任。

签收网购商品后还能退货吗?

案情介绍

李小美花1500元网购了一件标称内含300克鹅绒的羽绒服，以应对即将来临的寒冬。收到羽绒服包裹后，李小美拆开检查，看到款式和颜色都与商家展示的图片相符，她爽快地签收了。昆明市遇到了五十年不遇的严寒，李小美赶紧找出网购的羽绒服穿上，但她发现这件羽绒服和她之前穿的普通棉服的保暖效果一样。后来，她将羽绒服送到服装检验机构检验，检验结果是这件羽绒服只含有鸭绒150克。李小美与商家联系，要求退货并退款，商家表示李小美收货时已经检验并签收，视为对羽绒服的质量已无异议，现在无权要求退货。

◆ 答疑解惑

李小美与商家之间有关羽绒服买卖的合同有效，且羽绒服已经交付。且双方对交付的羽绒服的质量应适用卖家标的称内含300克鹅绒这一约定标准。鉴于商家交付商品并未符合约定标准，属于违约行为，本案中李小美要求商家承担退货的违约责任并无不当。

商家提出李小美已经检验质量并签收的抗辩理由并无法律依据。根据民法典的规定，当事人对检验期未作约定，买受人签收的送货单、确认单等载明标的物数量、型号、规格的，推定买受人已经对数量和外观瑕疵进行检验，但是有关证据足以推翻的除外。故，李小美签收的行为仅能视为其已经对数量和外观瑕疵进行检验，本案中涉及羽绒的种类和质量并不属于数量和外观瑕疵的范畴。因此，商家认为李小美已经检验了商品质量并接受的抗辩理由不能成立。

◆ 相关法条

民法典第六百二十三条 当事人对检验期限未作约定，买受人签收的送货单、确认单等载明标的物数量、型号、规格的，推定买受人已经对数量和外观瑕疵进行检验，但是有关证据足以推翻的除外。

法条释义

本条是推定买受人已经对买受物的数量和外观瑕疵进行检验的规定。对于合同当事人用肉眼观察等通常方法即可发现的数量和外观瑕疵，法律推定当事人在送货单、确认单等单据上没有提出异议，则应当认定买受人收到的货物没有数量和外观瑕疵。当然，如果买受人提供了其他证据推翻了送货单上签收的内容的，应当以其他证据证实的内容为准。

友情提示

网购签收时应当先对货物进行检查后再签收，特别应当对数量和外观瑕疵进行检查后再签收。

未购买试用的产品需要付费吗？

案情介绍

李小美在北京工作，从事软件开发工作，由于长期使用电脑，肩颈都有劳损。听同事赵小花说有一种按摩椅特别好用，还可以先试用再购买，于是李小美决定试试。李小美与卖家进行了联系，咨询购买和试用的情况。卖家告知说只需要交 1000 元押金就可以试用，用户试用两周后再决定是否购买。于是，李小美支付了 1000 元押金给商家，也收到了商家提供的按摩椅。试用过程中李小美发现按摩椅噪音特别大，试用一周后，李小美将按摩椅退还给了商家并告知商家不进行购买，要求商家退还押金。商家表示押金只能退 400 元，另外的 600 元是按摩椅的使用费。

◆ 答疑解惑

李小美与商家之家订立的买卖合同有效，双方就商品的试用也进行了约定，但双方并未对商品的使用费进行约定，当买方试用后决定不购买时，按照民法典的规定，试用买卖的当事人对标的物使用费没有约定或者约定不明确的，出卖人无权请求买受人支付。本案中双方并未就试用商品的使用费进行过约定，故卖方无权收取使用费，商家应当全额退还李小美押金 1000 元。

◆ 相关法条

民法典第六百三十九条 试用买卖的当事人对标的物的使用费没有约定或约定不明确的，出卖人无权请求买受人支付。

法条释义

试用买卖中买方有权先对准备购买的商品进行试用，但试用后并非必然购买试用商品，对于试用期间的试用费，买卖双方如果有明确约定的，按照约定确定，如果双方没有明确约定的，卖方无权主张使用费。

友情提示

在试用买卖中，如果双方没有约定明确的使用费，买方有权拒绝支付。

因断电影响生产经营由谁承担责任?

案情介绍

张大强是滇新市滇宁县的花农，主要从事玫瑰花的大棚种植。由于种植的是稀有玫瑰品种，且主要在新年和春节期间大量上市，供应的市场包括全国各大中城市及欧美国家。张大强的玫瑰对种植环境要求较高，除了需要滴灌以外，在冬季的大棚内还需要用空调加热。今年冬天滇新市出现五十年不遇的小雪加霜冻，通往张大强玫瑰花种植基地的输电线被冰凌压断。张大强马上通知了供电公司，请他们尽快过来修理，供电公司表示会尽快安排员工过来修复。过了两天，供电仍然没有修复，张大强再次联系供电公司，公司表示由于有员工休假，且最近需要检修线路太多，请张大强再等两天。一周后，供电仍然没有修复，由于低温，张大强种植的玫瑰的花苞大多掉落。于是，张大强又一次联系供电公司，供电公司称两天前已经派人过来修复，但由于修复材料较为特殊，需要专门采购，现在还未买到。十天后，供电恢复正常，但张大强种植的玫瑰由于花苞掉落，损失约 50000 元。

张大强找到供电公司要求赔偿其全部损失，公司表示这次输电线断裂属于不可抗力，由此造成的损失应当由张大强自己承担。

◆ 答疑解惑

张大强与供电公司之间存在合法的供用电合同，张大强的主要义务是支付电费，而供电公司的主要义务则是供电。由低温而造成的冰凌属于自然灾害，因自然灾害而造成的断电并非因供电公司造成，供电公司不应承担违约责任。但本案中张大强的损失是由于供电公司未及时抢修而造成的，根据民法典的规定，因自然灾害等原因断电，供电人应当按照国家有关规定及时抢修;未及时抢修,造成用电人损失的，应当承担赔偿责任。故，供电公司应当承担因自身未及时抢修线路而给张大强造成的损失 50000 元。

◆ 相关法条

民法典第六百五十三条 因自然灾害等原因断电，供电人应当按照国家有关规定及时抢修；未及时抢修，造成用电人损失的，应当承担赔偿责任。

法条释义

因自然灾害等原因断电后，供电人应当按照国家有关规定及时抢修，以恢复供电，减少用电人因断电所造成的损失。如供电人未及时抢修给供电人造成损失，供电人应就未及时抢修而给用电人造成的损失承担赔偿责任。本条规定区分了因自然灾害造成损害和因供电人过错造成损害的不同责任。

友情提示

自然灾害本身属于不可抗力，但最大限度地减少因自然灾害所造成的损失是供电企业的法定义务，不应借不可抗力而规避自身的义务。

赠与人可以撤销赠与吗？

案情介绍

张大强的妻子已经去世多年，儿子张小强也结婚成家。张大强平时自己居住在自己购买的公寓中，后来儿子张小强表示让张大强搬过来和自己一家人共同生活，这样张小强方便照顾父亲。

张大强同意了张小强的提议，搬到张小强家居住。这时，张大强原来居住的公寓就空了出来，而这套公寓位于滇新小学旁，属于学位房。张大强决定把公寓赠与儿子，方便孙子以后上小学，过户手续很快就办理完毕。

后来，张大强外出时腿被摔伤，张小强没有及时将张大强送医治疗，导致其股骨头坏死。后来，在邻居帮助下，张大强终于住院得到治疗。住院期间张小强从未去探望过，回家休养期间，张大强的一日三餐也是叫外卖或请邻居帮助解决。半年后，张大强决定到养老院生活，同时因张小强未履行扶养义务，要求撤销公寓的赠与。

◆ 答疑解惑

张大强是完全民事行为能力人，将自己名下的房产过户给张小强，是其真实意思的表示，属于合法有效的赠与行为。但在赠与之后张小强未履行应尽的扶养义务，对张大强送医和进行生活上的照料。因此，根据民法典的规定，受赠人有下列情形之一的，赠与人可以撤销赠与：（一）严重侵害赠与人或者赠与人近亲属的合法权益；（二）对赠与人有扶养义务而不履行；（三）不履行赠与合同约定的义务。赠与人的撤销权，自知道或者应当知道撤销事由之日起一年内行使。民法典同时规定撤销权人撤销赠与的，可以向受赠人请求返还赠与的财产。因此，张大强有权撤销对张小强的赠与，并要求其返还自己的公寓。

◆ 相关法条

民法典第六百六十三条 受赠人有下列情形之一的，赠与人可以撤销赠与：

（一）严重侵害赠与人或者赠与人近亲属的合法权益；

（二）对赠与人有扶养义务而不履行；

（三）不履行赠与合同约定的义务。

赠与人的撤销权，自知道或者应当知道撤销事由之日起一年内行使。

民法典第六百六十五条 撤销权人撤销赠与的，可以向受赠人请求返还赠与的财产。

法条释义

本条是赠与的法定撤销权，即法律规定了在赠与生效之后，赠与人可以进行撤销的法定情形。主要包括：对赠与人和赠与人的配偶、子女、父母、兄弟姐妹、祖父母与外祖父母、孙子女与外孙子女的合法权益造成严重损害的行为；具有扶养义务的夫妻间、晚辈对长辈或长辈对晚辈间未履行扶养义务的；在赠与合同中约定义务未被履行，包括部分或完全未履行。赠与人行使撤销权的时间应当是在知道或应当知道撤销事由一年内行使。

撤销权人行使撤销权后，赠与合同归于消灭，发生溯及既往的效力，赠与财产已经交付或者权利已经转移的，应予恢复。

友情提示

赠与生效后，如果受赠与人实施了严重侵害赠与人权益的行为或未履行相关法定和约定义务时，赠与有可能被撤销，赠与撤销后受赠财产应当被归还给赠与人。

借款合同中的借款本金应当如何确定?

案情介绍

张小强向李小美借款50万元买房，双方约定年利率为10%，借款期限一年。李小美要求要先将一年的利息扣除，于是双方签订了金额为50万元的借款合同。同日，李小美将45万元人民币通过银行转账的方式支付给了张小强。一年后，张小强未能按期还款，李小美提出借款金额为50万元，要求张小强归还50万元借款，张小强则表示其实际收到的金额为45万元，应以此计算借款本金。

◆ 答疑解惑

张大强与李小美之间的借款合同系双方真实意思的表示，亦不违反法律的强制性规定，合同有效。双方在合同中约定了借款的金额、利率、借款期限等借款合同的必要条款，对利率的约定符合法律对民间借款合同最高利率的限制，双方对借款期限等事项的约定也无异议。但双方对借款本金的金额有异议，李小美认为是借款合同上载明的50

万元，而张小强则认为是银行转账凭证上的45万元。李小美实际支付给张大强的借款金额为45万元，之所以在借款合同中载明的借款额为50万元是由于在借款之时李小美就将5万元利息预先扣除。根据民法典的规定，借款的利息不得预先在本金中扣除。利息预先在本金中扣除的，应当按照实际借款数额返还借款并计算利息。因此，张大强与李小美的借款金额应当按照实际借款数额45万元计算，并以此计息。

◆ 相关法条

民法典第六百七十条 借款的利息不得预先在本金中扣除。利息预先在本金中扣除的，应当按照实际借款数额返还借款并计算利息。

法条释义

这条规定禁止了在支付借款本金时直接扣除利息的做法，目的是为了保障借款双方交易的公平，如果出现在借款时直接扣除利息的情形，只要借款人能够证明在出借款项时已经支付利息的事实，则应以借款合同载明的金额减去已经支付的利息作为计算借款本金的依据。

友情提示

借款发生时，计算借款本金应以借款合同生效时借款人实际获得的金额作为借款本金，“砍头息”会被认为是对借款本金的扣减，而非支付利息。

民间借贷逾期利息应当如何约定？

案情介绍

张小强平时喜欢炒股，2020年初看到股市一片大好，决定再多投一些钱进股市，但他自己资金不足，于是决定向同学李小美借款。李小美工作几年攒了20万元准备买房，但暂时没有找到合适的楼盘。她与张小强认识多年，十分熟悉，于是同意了张小强借款的请求。张小强写了一张借条，上面写清了借款的金额为20万元，期限为3个月，借款期间的利率约定为月息1%。双方还约定，若张小强到期未能归还借款，应按照月息2%支付逾期利息，还应支付借款本金20%的违约金。3个月后，张小强未能按时归还李小美借款。李小美多次要求其还款均被告知资金困难，要再过几个月才能还款。李小美看中一处楼盘准备购买，于是再次要求张小强还款，按月息1%支付利息，按照月息2%支付逾期罚息，并支付4万元违约金。张小强对双方约定的借款利率予以认可，但认为李小美要求的逾期利息和违约金过高，不愿支付。

◆ 答疑解惑

张小强与李小美之间已经构成借款合同关系，双方对借款金额、利率、还款期限、逾期利率、违约金等都作出了约定，系双方真实意思的表示。双方对借款利率的约定未超过全国银行间同业拆借中心市场报价利率（LPR）的4倍，符合法律对民间借款利率的上限要求。双方对逾期利率的约定为月息2%，已经超过全国银行间同业拆借中心市场报价利率（LPR）的4倍，若再要求张小强支付4万元违约金，有失公平。根据民法典的规定，借款人未按照约定的期限返还借款的，应当按照约定或者国家有关规定支付逾期利息。张小强应支付李小美本金20万元，以月息1%计付利息，逾期利息不应超过全国银行间同业拆借中心市场报价利率（LPR）的4倍，对于4万元的违约金不应支付。

◆ 相关法条

民法典第六百七十六条 借款人未按照约定的期限返还借款的，应当按照约定或者国家有关规定支付逾期利息。

法条释义

本条主要对逾期利息的支付作出了规定，如果双方有约定，按照约定利率支付逾期利息，但应遵守国家对民间借贷和金融借款逾期利率的相关规定。

友情提示

民间借款时，对逾期利息利率的规定应当不超过全国银行间同业拆借中心市场报价利率（LPR）的4倍。

利息约定不明如何计算?

案情介绍

李小美和张小强是同事，两人平时关系较好。李小美准备结婚买房，看中了一处楼盘，离公司较近，还是学位房。房子需要首付30万元，李小美自己的存款加上父母资助凑了20万元，还差10万元。于是李小美向张小强借款10万元，用于支付购房首付。李小美写了借条，上面写清了借款的金额、用途、借款期限等内容。对于是否支付利息，在借条中李小美并未提及，但她口头上告诉张小强说等到期还款可按月息1%支付。借款到期后，李小美按时将借款归还给了张小强；就利息的支付，李小美认为应该支付同期存款利率，张小强觉得应按月息1%支付。双方未能协商一致。

◆ 答疑解惑

张小强与李小美之间的借款合同关系已经成立且生效，双方就借款金额、期限等内容已经达成一致。本案中张小强已经实际履行了支付借款的义务，李小美也按照借条上的承诺履行了还款义务。但由于双方对于借款利息的约定不明，故按照民法典的规定，禁止高利贷，借款的利率不得违反国家有关规定。借款合同对支付利息没有约定的，视为没有利息。借款合同对支付利息约定不明确，当事人不能达成补充协议的，按照当地或者当事人的交易方式、交易习惯、市场利率等因素确定利息；自然人之间借款的，视为没有利息。张小强与李小美之间的借款应当被视为没有利息。

◆ 相关法条

民法典第六百八十条 禁止高利放贷，借款的利率不得违反国家有关规定。

借款合同对支付利息没有约定的，视为没有利息。

借款合同对支付利息约定不明确，当事人不能达成补充协议的，按照当地或者当事人的交易方式、交易习惯、市场利率等因素确定利息；自然人之间借款的，视为没有利息。

法条释义

本条是有关禁止高利放贷的规定，以及对利息的规定。禁止高利放贷的对象既包括金融机构贷款，也包括民间借贷。对于判断高利放贷的标准，在本条中并未明确，但就民间借贷而言，根据《最高人民法院关于审理民间借贷案件适用法律若干问题的规定》第二十六条的规定："出借人请求借款人按照合同约定利率支付利息的，人民法院应予以支持，但双方约定的利率超过合同成立时一年期贷款市场报价利率四倍的除外。"这里的"一年期贷款市场报价利率"是指全国银行间同业拆借中心公布的一年期贷款市场报价利率。

对于没有约定利息的，推定为没有利息。而如果对于利息约定不明的，此时如果是自然人之间的借款，则推定为没有利息，如果是金融借款，则首先看当事人是否能达成补充协议，不能达成补充协议的，按照当地或者当事人的交易习惯、交易方式、市场利率等因素确定利息。

友情提示

个人（自然人）之间的借款如果没有约定利息，或者利息约定不明则可能被推定为没有利息。

保证合同怎么签订?

案情介绍

张小强开办了从事食品加工的佳佳公司，佳佳公司欠外地一家供应商货款15万元。张小强与供应商约定年底前将货款付清，到了年底，由于流动资金紧张，佳佳公司只能还给供货商5万元。李小美是佳佳公司财务人员，与该供应商很熟悉。于是，张小强请李小美向供应商发出书面函件，保证由李小美对未付货款承担连带责任保证。供应商收到李小美书面保证后未提出异议。后因佳佳公司一直未付货款，供应商将佳佳公司和连带责任保证人李小美一起诉至法院，要求佳佳公司承担支付货款的义务，并由李小美承担连带赔偿责任。

◆ 答疑解惑

佳佳公司与供应商之间的买卖合同已经成立，双方已经对货款金额予以确认，并无异议。同时，在李小美发给供应商的函中作出了为佳佳公司承担连带责任保证的意思表示，对此，供应商未提出异议。因此，根据民法典的规定，保证合同可以是单独订立的书面合同，也可以是主债权债务合同中的保证条款。第三人单方以书面形式向债权人作出保证，债权人接收且未提出异议的，保证合同成立。李小美与供应商之间订立的保证合同已经成立。法院判决支持供应商对佳佳公司提起的支付货款的诉讼请求，和要求李小美承担连带责任的诉讼请求。

◆ 相关法条

民法典第六百八十五条 保证合同可以是单独订立的书面合同，也可以是主债权债务合同中的保证条款。

第三人单方以书面形式向债权人作出保证，债权人接收且未提出异议的，保证合同成立。

法条释义

保证合同的形式可以是专门订立的书面合同，也可以是主合同中有关保证责任约定的条款，如果是主合同中约定了保证条款，则主债权债务合同应当由保证人与债权人、债务人共同订立。保证人单方向债权人发出的书面保证，可以视为要约，若债权人接收且无异议即属于承诺，此时，保证合同成立。

友情提示

保证人向债权人发出书面保证，表示愿意对有关债务的履行承担保证责任，除非债权人不接收，或提出异议，否则保证合同成立。

保证责任约定不明如何承担保证责任?

案情介绍

张小强大学毕业准备创业开公司，需要50000元资金，于是找到小额贷款公司天天利公司借款。该公司愿意借款给他，但同时表示需要提供一位收入稳定的保证人，于是张小强请自己的父亲张大强来做保证人。张大强在天天利公司提供的保证人一栏签上了自己的名字并按了手印。后来，张小强公司经营出现困难，无法还款，天天利公司要求张大强承担对张小强50000元借款的连带保证责任。

◆ 答疑解惑

根据民法典的规定，保证合同的方式包括一般保证和连带责任保证。当事人在保证合同中对保证方式没有约定或者约定不明确的，按照一般保证承担保证责任。本案中，张大强虽然在保证合同上签字，但并未明确是一般保证还是连带责任保证，按照民法典的规定应当推定为一般保证责任。

◆ 相关法条

民法典第六百八十六条 保证的方式包括一般保证和连带责任保证。

当事人在保证合同中对保证方式没有约定或者约定不明确的，按照一般保证承担保证责任。

法条释义

一般保证的保证人在主债务合同纠纷未经审判或者仲裁，并就债务人财产依法强制执行仍不能履行债务前，对债权人可以拒绝承担保证责任。

连带责任保证的债务人在主债务合同规定的债务履行期届满没有履行债务的，债权人可以要求债务人履行债务，也可以要求连带责任保证人承担保证责任，此时连带责任保证人不得拒绝。

友情提示

民法典对于约定不明的保证责任推定为一般保证，并非连带责任保证。

承租人如何实现优先购买权？

案情介绍

李小美将自己的商铺租给张大强卖茶叶，后李小美的孩子出国读书，李小美决定出国陪读，于是决定卖掉商铺。为了能让商铺卖个好价格，李小美将商铺委托一家拍卖公司进行拍卖。拍卖公司确定拍卖日后，李小美提前七日通知了张大强。拍卖时，张大强也赶到了拍卖现场，并告知了拍卖师自己是承租人，也来参加竞买。商铺经过几次报价，达到352万元的价格时无人再竞价，拍卖师未征求张大强意见便落了槌。随后，张大强要求按352万元的价格购买该商铺。但拍卖行坚持与出价352万元的竞买人签订了确认书。张大强不服，向法院提起诉讼要求确认自己对商铺的优先购买权。（本案例根据真实案例改编）

◆ 法院判决

法院认为，李小美与张大强之间存在合法有效的租赁合同。李小美出售商铺时作为承租人的张大强享有优先购买权，这种优先权主要是指在同等条件下的优先购买权。本案中，出租人李小美按照法律的要求在出售租赁房屋前提前通知了承租人张大强，而张大强也到场参加了拍卖，此时仍然应当保护其优先购买权。根据民法典的规定，出租人出卖租赁房屋的，应当在出卖之前的合理期限内通知承租人，承租人享有以同等条件优先购买的权利；但是，房屋按份共有人行使优先购买权或者出租人将房屋出卖给近亲属的除外。出租人履行通知义务后，承租人在十五日内未明确表示购买的，视为承租人放弃优先购买权。民法典也规定，出租人委托拍卖人拍卖租赁房屋的，应当在拍卖五日前通知承租人。承租人未参加拍卖的，视为放弃优先购买权。张大强对李小美出售的商铺具有优先购买权，可以要求以 352 万元购买该商铺。

相关法条

民法典第七百二十六条　出租人出售租赁房屋的，应当在出卖之前的合理期限内通知承租人，承租人享有以同等条件优先购买的权利；但是，房屋按份共有人行使优先购买权或者出租人将房屋出卖给近亲属的除外。

出租人履行通知义务后，承租人在十五日内未明确表示购买的，视为承租人放弃优先购买权。

民法典第七百二十七条　出租人委托拍卖人拍卖租赁房屋的，应当在拍卖五日前通知承租人。承租人未参加拍卖的，视为放弃优先购买权。

法条释义

出租人出售房屋前有通知承租人的义务，承租人应在收到通知的十五日内明确表示购买，此时，承租人在价格、支付方式等条件相同的情况下有优先购买权。由于房屋的按份共有人与近亲属与出租人之间的关系较为特殊，所以，如果房屋的按份共有人行使优先权或者亲属要求购买时，承租人不再具有优先权。

出租人委托拍卖人拍卖房屋时，应当在拍卖五日前通知承租人，承租人参加拍卖的，仍然具有优先购买权。

友情提示

出租人出售房屋前应当依法尊重承租人的优先购买权，履行提前通知的义务。

转承揽出现质量问题由谁承担责任?

案情介绍

张大强准备开设一家茶叶销售公司，并装修一间茶室用作产品展示和客户接待。张大强自己设计了一套茶台及椅子，向李小美的中式家具厂定作，用于茶室内的陈设。李小美告知由于年底订单较多，自己可能不能及时完成张大强的订单，但自己可以将茶台交由自己的好友王小巧完成，张大强表示同意。张大强与李小美签订了家具的定作合同，并由王小巧实际制作茶台。后李小美将制作完成的茶台及椅子交给张大强，张大强验收时发现茶台的长度与自己设计的图纸相比短了 30 厘米。张大强认为茶台不符合约定要求，要求李小美重做，李小美认为责任应由王小巧承担，因为张大强事前已经同意了茶台交由王小巧制作。

◆ 答疑解惑

张大强与李小美之间订立的合同属于承揽合同，根据民法典的规定，承揽合同是承揽人按照定作人的要求完成工作，交付工作成果，定作人支付报酬的合同。承揽包括加工、定作、修理、复制、测试、检验等工作。该合同属于承揽合同中的定作合同。本案中承揽人李小美在定作人张大强的同意下，将茶台的制作任务交由王小巧完成，但承揽合同中的承揽人并未发生变化，仍然是李小美。根据民法典的规定，承揽人应当以自己的设备、技术和劳力，完成主要工作，但是当事人另有约定的除外。承揽人将其承揽的主要工作交由第三人完成的，应当就该第三人完成的工作成果向定作人负责；未经定作人同意的，定作人也可以解除合同。本案中承揽人李小美将其承揽的主要工作交由第三人王小巧完成，但对于王小巧完成的工作仍然应当由李小美向定作人张大强负责。

◆ 相关法条

民法典第七百七十条 承揽合同是承揽人按照定作人的要求完成工作，交付工作成果，定作人支付报酬的合同。承揽包括加工、定作、修理、复制、测试、检验等工作。

民法典第七百七十二条 承揽人应当以自己的设备、技术和劳力，完成主要工作，但是当事人另有约定的除外。

承揽人将其承揽的主要工作交由第三人完成的，应当就该第三人完成的工作成果向定作人负责；未经定作人同意的，定作人也可以解除合同。

法条释义

民法典第七百七十条对承揽合同的基本含义作出了规定。承揽合同是承揽人提供一定劳务或服务为内容的服务合同，定作人应当按照约定向承揽人支付报酬，根据承揽工作的种类可以将承揽合同分为：加工合同、定作合同、修理合同、复制合同、测试合同、检验合同、其他合同。

民法典第七百七十二条规定了承揽人一般情况下应当亲自完成承揽

的主要工作，若未经定作人同意而将主要承揽工作交由第三人完成的，定作人可以要求解除合同，当然如果定作人如果认为第三人完成的工作成果不符合合同约定的，也可以直接向承揽人主张违约责任。

友情提示

无论是否经过定作人的同意，只要承揽人将自己主要的工作任务交由第三人完成，最终承揽人还是应当直接就工作成果对定作人承担责任。

实名制客票丢失后能补办吗？

案情介绍

李小美准备利用公休假去云南昭通市的大山包自然保护区游玩，于是提前两天到客运站实名购买了去昭通市的客运车票。后来，李小美来到车站乘车时发现车票丢失，于是她来到售票窗口要求补票。客运窗口表示按照车站的规定，如果客运车票丢失，旅客要求补票，应当承担总票价30%的补票费100元。李小美无奈之下交了补票费后重新获得车票乘车。

◆ 答疑解惑

李小美购票后与承运人之间建立了合法有效的客运合同，就此法律应予以保护。李小美在实名购票后车票丢失，根据民法典的规定，旅客应当按照有效客票记载的时间、班次和座位号乘坐。旅客无票乘坐、超程乘坐、越级乘坐或者持不符合减价条件的优惠客票乘坐的，应当补交票款，承运人可以按照规定加收票款；旅客不支付票款的，承运人可以拒绝运输。实名制客运合同的旅客丢失客票的，可以请求承运人挂失补办，承运人不得再次收取票款和其他不合理费用。因此，本案中李小美可以要求承运人补票，承运人加收票款 30% 的补票费显然不属于法律所规定的合理费用。

◆ 相关法条

民法典第八百一十四条 旅客应当按照有效客票记载的时间、班次和座位号乘坐。旅客无票乘坐、超程乘坐、越级乘坐或者持不符合减价条件的优惠客票乘坐的，应当补交票款，承运人可以按照规定加收票款；旅客不支付票款的，承运人可以拒绝运输。

实名制客运合同的旅客丢失客票的，可以请求承运人挂失补办，承运人不得再次收取票款和其他不合理费用。

法条释义

旅客应当严格按照客票所注明的日期、时刻、班次及座位乘坐，禁止占据他人的座位，禁止购买低等级的车票却乘坐高等级的座位。若旅客无票乘坐、超程乘坐、越级乘坐或者持不符合减价条件的优惠客票乘坐的，应当补交票款，承运人可以按照规定加收票款；旅客不支付票款的，承运人可以拒绝运输。

对于实名制购买客票后客票丢失的，乘客可以要求承运人补票，且补票时不能加收不合理的费用。

友情提示

实名制客票丢失后，可以要求补票，承运人不得加收不合理费用。

坐公交车受伤应找谁赔?

案情介绍

张大强用公交卡乘坐公交车外出买菜，途中公交车遇到骑电单车的人在机动车道内逆行，公交司机紧急刹车，导致张大强摔伤。张大强住院治疗，医药费、误工费等损失共计12000元。张大强找到公交公司要求获得赔偿，公交公司表示司机在有行人逆行时紧急制动的处理得当，司机和公交公司都无过错，因此不应当承担赔偿责任。

◆ 答疑解惑

基于张大强用公交卡乘坐公交车的行为，张大强与公交公司之间的承运合同已经成立。在乘坐公交车的过程中张大强由于驾驶员的紧急制动而摔伤，根据民法典的规定，承运人应当对运输过程中旅客的伤亡承担赔偿责任；但是，伤亡是旅客自身健康原因造成的或者承运人证明伤亡是旅客故意、重大过失造成的除外。前款规定适用于按照规定免票、持优待票或者经承运人许可搭乘的无票旅客。张大强没有违反普通人的注意义务，不存在故意或者重大过失，其不应对自身的受伤承担责任。公交公司作为承运人不存在法定的免责事由，应当承担相应的赔偿责任。

◆ 相关法条

民法典第八百二十三条 承运人应当对运输过程中旅客的伤亡承担赔偿责任；但是，伤亡是旅客自身健康原因造成的或者承运人证明伤亡是旅客故意、重大过失造成的除外。

前款规定适用于按照规定免票、持优待票或者经承运人许可搭乘的无票旅客。

法条释义

该条规定了客运合同中旅客伤亡的责任承担问题。在旅客运输活动中，实行无过错责任制度，即承运人即使在没有过错的情况下，如未能将旅客安全运送至指定目的地，应当承担损害赔偿责任，除非是由于旅客自身的健康原因或其故意、重大过失所造成。而承运人对旅客人身伤害的责任，同样适用于免票、优待票和经承运人许可搭乘的无票旅客。

友情提示

承运人对旅客在运输途中受到人身伤害的责任是无过错责任，只有存在法定的免责情形时才能免责。

职务作品作者享有哪些权利？

案情介绍

王小巧是某农科所的研究人员，根据农科所的科研立项安排，王小巧负责一种冬季甜草莓的研究开发，农科所提供科研资金、实验基地和辅助人员的配备。经过五年的科技攻关，最终研究出了冬季耐寒超甜草莓，并获得了植物新品种权，该草莓新品种参加农博会还获得了植物新品种的金奖。后来，农科所参加农业农村部组织的科研评奖时也将该项目提交参加评奖，但无论是农博会会还是提交农业农村部参评的有关材料中都未出现王小巧的名字。王小巧多次与农科所协商，要求在有关材料上署上自己的名字。农科所表示这种草莓新品种的研发是完成研究所的工作任务，也完全利用了农科所的物质条件，因此属于职务作品，王小巧虽然是项目的主要负责人也无权要求署名。

◆ 答疑解惑

王小巧负责研发的草莓新品种获得了植物新品种权，属于受法律保护的知识产权，由于该技术成果的完成是王小巧完成农科所交办的工作任务,实质上也完全利用了农科所的物质条件。根据民法典的规定，职务技术成果的使用权、转让权属于法人或者非法人组织的，法人或者非法人组织可以就该项职务技术成果订立技术合同。法人或非法人组织订立技术合同转让技术成果时，职务技术成果的完成人享有以同等条件优先受让的权利。职务技术成果是执行法人或者非法人组织的工作任务，或者主要利用法人或者非法人组织的物质技术条件所完成的技术成果。该植物新品种属于职务技术成果，其使用权、转让权应当属于农科所。但同时民法典也规定，完成技术成果的个人享有在有关技术成果文件上写明自己是技术成果完成者的权利和取得荣誉证书、奖励的权利。因此，作为该职务技术成果完成人的王小巧有权要求在相关文件上署名。

◆ 相关法条

民法典第八百四十七条　职务技术成果的使用权、转让权属于法人或者非法人组织的，法人或者非法人组织可以就该项职务技术成果订立技术合同。法人或非法人组织订立技术合同转让技术成果时，职务技术成果的完成人享有以同等条件优先受让的权利。

职务技术成果是执行法人或者非法人组织的工作任务，或者主要利用法人或者非法人组织的物质技术条件所完成的技术成果。

民法典第八百四十九条　完成技术成果的个人享有在有关技术成果文件上写明自己是技术成果完成者的权利和取得荣誉证书、奖励的权利。

法条释义

民法典第八百四十七条规定了职务技术成果的权利人是法人或非法人组织，其享有的是职务技术成果的使用权和转让权，职务技术成果的完成人有优先受让的权利。职务技术成果的认定条件是完成法人或非法人组织工作任务或者主要利用法人或者非法人组织的物质技术条件完成的技术成果。

民法典第八百四十九条主要规定了完成技术成果的个人享有的权利，这里既包括完成职务技术成果的个人，也包括完成非职务技术成果的个人的权利。权利的内容主要是署名权、取得荣誉证书权和获得奖励的权利。

友情提示

完成职务技术成果的个人仍然享有署名权、取得荣誉证书权和获得奖励的权利。

中介未促成合同成立能否请求支付报酬？

案情介绍

张小强准备买房，于是委托房产中介家乐公司寻找房源。后中介公司与张小强签订中介合同，合同约定，在任何情况下，若买卖双方未能履行合同，则违约方应赔偿家乐公司房产交易总价的1.5%，即15000元作为报酬；在签署中介合同后，若买卖双方未经中介公司同意自行解除合同的，需要各自赔付相当于房产交易总价的1.5%作为报酬。后张小强未能达成任何买卖合同，家乐公司仍然要求张小强赔偿15000元作为合同约定的中介报酬。

◆ 答疑解惑

张小强与家乐公司签订了中介合同，是双方真实意思的表示，合同签订后就已经成立。但其中有关支付给家乐公司报酬的约定不符合民法典的规定。民法典规定，中介人未促成合同成立的，不得请求支付报酬；但是，可以按照约定请求委托人支付从事中介活动支出的必要费用。因此，该约定无效。在本案中家乐公司并未促成交易，不得请求支付报酬，只能要求支付从事中介活动支出的必要费用。也就是说，家乐公司无权要求张小强支付 15000 元报酬。

◆ 相关法条

民法典第九百六十四条　中介人未促成合同成立的，不得请求支付报酬；但是，可以按照约定请求委托人支付从事中介活动支出的必要费用。

法条释义

中介人如果未能促成交易，当然不能收取报酬，这与中介合同的性质相适应，但因为中介人提供中介服务时，已经付出了一定劳动，有必要的支出，所以可以要求委托人支付必要的费用。

友情提示

中介人如果未能促成交易，不得收取报酬，但可以收取必要费用。

死者名誉权受侵害如何维权？

案情介绍

小李的祖父老李同志系抗战英雄，新中国成立后因战功赫赫成为当地名人。老李同志早年已经过世。随着当地经济发展，有一家生产养生药酒的厂家将产品冠名“抗战英雄老李牌”，同时使用老李同志的照片作为商标，并制作了各种恶搞广告、短视频，宣传老李同志服用该药酒后产生的神奇功效。该虚假宣传严重损害了老李同志的英雄形象，给老李同志的家属及后人造成极大的精神负担。小李气不过，他可以找到该药酒厂要求停止使用上述名称和老李同志的照片吗？应该如何去保护死者的各项权利呢？

◆ 答疑解惑

本案中若老李同志的配偶及子女均已经过世，小李作为老李同志的近亲属，可以按照民法典第九百九十四条的规定依法起诉侵权药酒厂。

自然人从出生时起到死亡时止，具有民事权利能力，依法享有民事权利，承担民事义务。因此，自然人在死亡后就不再具有民事权利能力，自然也就不再享有人格权。但是在现实生活中，侵犯死者人格利益的现象屡见不鲜。例如：故意冒用已故画家的姓名作画销售，擅自使用已故名人的姓名制作商标或者作为法人的名称组成部分，纪实性作品中披露死者的隐私，故意诋毁死者的名誉，非法利用和损害遗体，等等。那么哪些主体有权起诉维权呢？民法典第九百九十四条明确规定，若死者的姓名、肖像、名誉、荣誉、隐私、遗体等受到侵害的，其配偶、子女、父母有权依法请求行为人承担民事责任；死者没有配偶、子女且父母已经死亡的，其他近亲属有权依法请求行为人承担民事责任。

◆ 相关法条

民法典第九百九十四条 死者的姓名、肖像、名誉、荣誉、隐私、遗体等受到侵害的，其配偶、子女、父母有权依法请求行为人承担民事责任；死者没有配偶、子女且父母已经死亡的，其他近亲属有权依法请求行为人承担民事责任。

民法典第一千零四十五条 亲属包括配偶、血亲和姻亲。

配偶、父母、子女、兄弟姐妹、祖父母、外祖父母、孙子女、外孙子女为近亲属。

配偶、父母、子女和其他共同生活的近亲属为家庭成员。

法条释义

本条是对死者人格利益保护的规定，体现了民法典的人文主义关怀。

首先，针对死者的权益被侵害的情形，这包括但不限于以下情形：（1）未经许可而擅自使用死者的姓名、肖像等；（2）以侮辱、诽谤、贬损、丑化等方式，侵害死者的名誉、荣誉；（3）以非法披露、利用等方式侵害死者的隐私和个人信息；（4）以非法利用、损害等方式侵害死者的遗体等。

其次，如果死者的配偶、子女或者父母存在的，他们有权单独或者共同起诉维权，这时其他近亲属无起诉的权利。如果死者没有配偶、子女且父母已经死的，则民法典第一千零四十五条第二款列明的其他近亲属，即兄弟姐妹、祖父母、外祖父母、孙子女、外孙子女有权单独或者共同起诉维权。

友情提示

尊重他人人格既是社会对每个人的基本道德要求，也是法律对每个公民的要求，侵犯他人的人格利益严重者还有可能构成刑事犯罪，如英雄烈士保护法第二十二条第二款规定，英雄烈士的姓名、肖像、名誉、荣誉受法律保护。任何组织和个人不得在公共场所、互联网或者利用广播电视、电影、出版物等，以侮辱、诽谤或者其他方式侵害英雄烈士的姓名、肖像、名誉、荣誉。任何组织和个人不得将英雄烈士的姓名、肖像用于或者变相用于商标、商业广告，损害英雄烈士的名誉、荣誉。针对侵害英雄烈士的姓名、肖像、名誉、荣誉的行为，英雄烈士的近亲属可以依法向法院提起诉讼。英雄烈士没有近亲属或者近亲属不提起诉讼的，检察机关依法对侵害英雄烈士的姓名、肖像、名誉、荣誉，损害社会公共利益的行为向法院提起诉讼。又如《中华人民共和国刑法》（以下简称刑法）第三百零二条规定，盗窃、侮辱、故意毁坏尸体、尸骨、骨灰的，处三年以下有期徒刑、拘役或者管制。

如何申请人格权保护禁令?

案情介绍

殷某系一名公众人物，近期发现有人在网络上捏造事实，使用经 PS 修改过的照片恶意污蔑和抹黑自己，如果不及时制止，可能会严重损害自己良好的公众形象和人设，并给自己的名誉带来无法弥补的伤害。若要及时止损，他该怎么办?

◆ 答疑解惑

本案中侵权行为正在发生，如果不及时制止，将使殷某的合法权益受到不可弥补的损害，符合申请“人格权保护禁令”的条件，殷某有权申请法院责令侵权人立即停止侵权行为。

一些侵害人格权的行为，如果未能及时被制止，权利人也未能及时寻求到有效救济，尤其是在当前的网络时代，其损害后果不可逆转，并将造成难以弥补的损害。

民法典第九百九十七条规定：民事主体有证据证明行为人正在实施或者即将实施侵害其人格权的违法行为，不及时制止将使其合法权益受到难以弥补的损害的，有权依法向法院申请采取责令行为人停止有关行为的措施。

该制度是民法典新增的制度性条款，明确规定了带有程序法性质的“人格权保护禁令”制度，弥补了人格权行为禁令保护的短板，将有利于遏制实践中大量存在的侵害名誉、隐私等网络侵权行为。当民事主体的人格权正在遭受或者即将遭受违法侵害，其有权依照本条申请法院责令侵权人停止有关违法行为的措施，以阻止侵害行为的实际发生，防止损害结果的扩大。

◆ 相关法条

民法典第九百九十七条　民事主体有证据证明行为人正在实施或者即将实施侵害其人格权的违法行为，不及时制止将使其合法权益受到难以弥补的损害的，有权依法向人民法院申请采取责令行为人停止有关行为的措施。

法条释义

本条是关于申请法院责令行为人停止有关行为的规定。本条适用的效果是，权利人有权依法向法院申请采取责令行为人停止有关行为的措施。

首先，权利人必须是向法院提出申请，申请的内容也必须具体明确，包括明确的对方当事人、申请采取的具体措施等。

其次，申请的程序要依照法律的规定。本条规定的是通过请求法院判决之外的其他程序，申请法院采取责令行为人停止有关行为的措施，且仅规定了此种申请的实体法基础。如何通过程序具体实现，其他法律对此有规定的，应当适用其他法律的规定。例如《中华人民共和国反家庭暴力法》（以下简称反家庭暴力法）在第四章“人身安全保护令”中，对当事人因遭受家庭暴力或者面临家庭暴力的现实危险，申请人身安全保护令的条件、申请方式、管辖、作出程序和形式、具体措施、期限、救济、执行等也作出了细致的规定。据此申请人身安全保护令的，应当依据反家庭暴力法的这些规定。其他情形也可以参照适用上述规定。

友情提示

尊重他人与尊重事实是每个人应当遵守基本道德，也是法律对每个人的要求，侮辱诽谤他人还有可能构成刑事犯罪。例如刑法第二百四十六条规定，以暴力或者其他方法公然侮辱他人或者捏造事实诽谤他人，情节严重的，处三年以下有期徒刑、拘役、管制或者剥夺政治权利。

遗体捐献谁能作主?

案情介绍

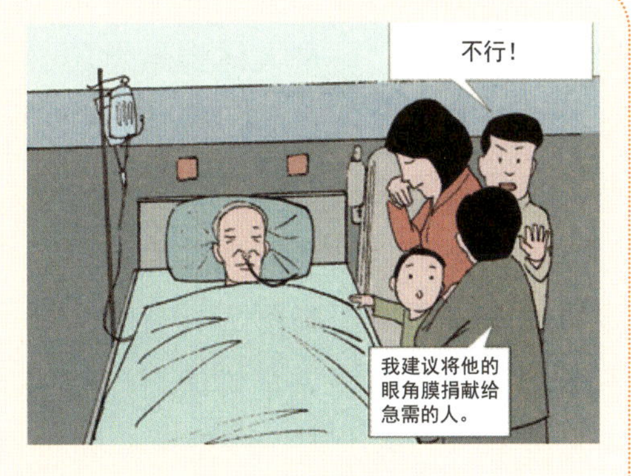

张某生前未对自己的遗体捐献事宜明确表态。其去世后，亲属中有人提议将张某的眼角膜捐献给急需的病人，帮助他人重见光明，而另外其他人则不同意。在此情况下，哪些近亲属可以决定张某眼角膜捐献事宜?

◆ 答疑解惑

张某的配偶、成年子女、父母可以协商一致后共同决定捐献。

张某去世前未对自己的遗体捐献的事宜明确表态，即张某生前未表示不同意捐献其遗体器官，故张某的配偶、成年子女、父母作为其近亲属共同协商一致后，可以共同决定捐献其眼角膜，捐献眼角膜的决定应当采用书面形式。

◆ 相关法条

民法典第一千零六条 完全民事行为能力人有权依法自主决定无偿捐献其人体细胞、人体组织、人体器官、遗体。任何组织或者个人不得强迫、欺骗、利诱其捐献。

完全民事行为能力人依据前款规定同意捐献的，应当采用书面形式，也可以订立遗嘱。

自然人生前未表示不同意捐献的，该自然人死亡后，其配偶、成年子女、父母可以共同决定捐献，决定捐献应当采用书面形式。

法条释义

自然人享有捐献或者不捐献人体细胞、人体组织、人体器官和遗体的自主决定权。人体捐献与自然人的人格尊严密切相关，获得人体捐献者的同意是人体捐献最为重要的前提。

人体捐献的意愿必须真实合法，任何组织或者个人不得强迫、欺骗、利诱捐献。一是人体捐献意愿必须是捐献人的真实意愿，捐献意愿不是由于遭受强迫、欺骗、利诱而做出的。二是人体捐献必须合法，不得违反法律规定，不违背公序良俗。

完全民事行为能力人才有权依法自主决定是否进行人体捐献。人体捐献者必须对捐献行为具有充分的判断和辨认能力，未成年人以及不能辨认或者不能完全辨认自己行为的成年人等限制民事行为能力人和无民事行为能力人，所做出的同意人体捐献的决定是无效的。

完全民事行为能力人同意捐献的，应当采用书面形式，也可以订立遗嘱。

自然人生前未表示不同意捐献的，该自然人死亡后，其配偶、成年子女、父母可以共同决定捐献，决定捐献应当采用书面形式。

友情提示

遗体和人体器官（包括角膜、皮肤、骨骼等组织）捐献具有挽救器官衰竭患者生命、服务医学发展、展现人性光辉、传递人间大爱的重大意义，是社会文明进步的重要体现。但是遗体和人体器官的捐献必须真实、合法，不得违背公序良俗，才能够良性发展，最终达到保障人民生命健康的目的。

个人信息如何保护？

案情介绍

张某是一名法律咨询服务工作者，经常需要通过电话沟通工作。最近，通过中介租房后，他便频繁接到房屋租售、贷款业务等推介电话，导致其正常工作无法进行。张某想咨询：个人隐私及信息应当如何保护？

◆ 答疑解惑

本案中，张某遇到个人隐私和个人信息受到侵害的事件发生时，应当采取拍照、录音及录像等方式进行取证，并及时报告有关管理机关，积极通过法律手段维护自身权益。

个人在日常生活中要提高保护隐私的警惕性，加强个人信息保护的安全意识，不轻易向陌生人提供自己姓名、出生日期、身份证件号码、家庭住址、电话号码、电子邮箱、健康信息等个人信息，保管好自己的身份证件，不随意丢弃载有个人信息内容的物品等，不要给不法分子有机会获取自己的生物识别信息、行踪信息的机会。

◆ 相关法条

民法典第一千零三十三条 除法律另有规定或者权利人明确同意外，任何组织或者个人不得实施下列行为：

（一）以电话、短信、即时通讯工具、电子邮件、传单等方式侵扰他人的私人生活安宁；

（二）进入、拍摄、窥视他人的住宅、宾馆房间等私密空间；

（三）拍摄、窥视、窃听、公开他人的私密活动；

（四）拍摄、窥视他人身体的私密部位；

（五）处理他人的私密信息；

（六）以其他方式侵害他人的隐私权

民法典第一千零三十四条 自然人的个人信息受法律保护。

个人信息是以电子或者其他方式记录的能够单独或者与其他信息结合识别特定自然人的各种信息，包括自然人的姓名、出生日期、身份证件号码、生物识别信息、住址、电话号码、电子邮箱、健康信息、行踪信息等。

个人信息中的私密信息，适用有关隐私权的规定；没有规定的，适用有关个人信息保护的规定

法条释义

隐私权是一种重要的人格权，自然人享有隐私权。任何组织或者个人不得以刺探、侵扰、泄露、公开等方式侵害他人的隐私权。任何组织或个人不得实施以下行为：

一是以电话、短信、即时通信工具、电子邮件、传单等方式侵扰他人的私人生活安宁。二是进入、拍摄、窥视他人的住宅、宾馆房间等私密空间。三是拍摄、窥视、窃听、公开他人的私密活动。四是拍摄、窥视他人身体的私密部位。五是处理他人的私密信息。六是以其他方式侵害他人的隐私权。

个人信息是以电子或者其他方式记录的能够单独或者与其他信息结合识别特定自然人的各种信息，包括自然人的姓名、出生日期、身份证件号码、生物识别信息、住址、电话号码、电子邮箱、健康信息、行踪信息等。

个人信息要有识别性，所谓识别，是指通过该信息可以直接或者间接地将某一自然人“认出来”。个人信息还要满足具有一定的载体，要以电子或者其他方式记录下来，没有以一定载体记录的信息不是个人信息。个人信息的主体只能是自然人，法人或者非法人组织不是个人信息的主体。

友情提示

如果遇到一些商业宣传活动，声称参与登记信息、问卷调查即可享受优惠等，要慎重填写个人信息，你的个人信息正有可能被不法分子收集运用到其他领域，给你带来不必要的损失。

如果你是信息掌握者，应谨慎信息使用范围，防止被不法分子利用。刑法第二百五十三条之一规定：“国家机关或者金融、电信、交通、教育、医疗等单位的工作人员，违反国家规定，将本单位在履行职责或者提供服务过程中获得的公民个人信息，出售或者非法提供给他人，情节严重的，处三年以下有期徒刑或者拘役，并处或者单处罚金。”

孩子取名能否“任姓”？

案情介绍

吕某和张某夫妻俩均酷爱诗词歌赋，共同决定为女儿取名为“北雁云依”。吕某在给女儿办理户口登记时，公安机关认为“北雁云依”不符合办理户口登记的条件，拒绝以“北雁云依”为名为孩子办理户口登记。吕某和张某可以为孩子起名字叫“北雁云依”吗？

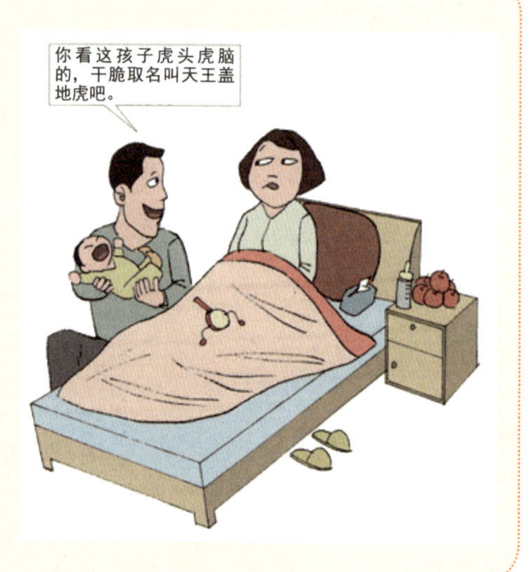

◆ 答疑解惑

本案中吕某和张某的孩子不可以取名字叫“北雁云依”。

根据民法典第一千零一十五条“自然人应当随父姓或母姓”，吕某和张某的孩子既可以随父亲一方姓氏姓吕，也可以随母亲姓氏一方取姓张，法律不强制要求必须随父或随母姓，若父母双方存在争议，双方应当以协商的方式确定谁的姓氏作为子女的姓氏。甚至可以选取父姓和母姓以外的姓氏。例如，可以选取其他直系长辈血亲的姓氏；

若由法定扶养人以外的人扶养，可以选取抚养人姓氏。但是自然人选取姓氏不能违背公序良俗。

◆ 相关法条

民法典第一千零一十五条 自然人应当随父姓或者母姓，但是有下列情形之一的，可以在父姓和母姓之外选取姓氏：

（一）选取其他直系长辈血亲的姓氏；

（二）因由法定扶养人以外的人扶养而选取扶养人姓氏；

（三）有不违背公序良俗的其他正当理由。

少数民族自然人的姓氏可以遵从本民族的文化传统和风俗习惯。

法条释义

自然人的姓名的决定关系到该自然人参与社会经济生活，特别是涉及其从事民事法律行为等相关问题，因此自然人决定姓名时除了需要具备民事行为能力外，还需要遵循法定的程序，办理法定手续。自然人变更姓名也必须遵守相关法律法规规定，遵循法定程序，不得擅自进行变更。这里的姓名指的是法定姓名（正式姓名）的决定或者变更，并不包括笔名、艺名等的决定或者变更，笔名、艺名等非法定姓名的决定或者变更并不需要进行登记。

友情提示

子女在出生时，属于无民事行为能力的人，父母双方应该以协商的方式确定子女的姓氏。但是，自然人的姓名的决定关系到该自然人参与社会经济生活，姓名不单是一个符号，也是公民作为民事主体参与社会活动的载体。公民取名的无序化，一定程度上可能会对传统的社会习惯、正常的人际交往产生影响。父母要考虑到孩子姓名本身的社会功能，既要有区分意义和符号意义，又要具有人身属性。如果父母给孩子取名过于怪异，即便不违法，也会给孩子今后的生活带来不便，因此应当慎重。

喝酒致死谁来负责?

案情介绍

一位网友和几个同事一起聚餐，大家都喝了些酒。酒席结束后，一名姓朱的同事坚持要自己骑摩托车回家，但当天下雨路很不好走，网友就叫了辆出租车送他回家。出租车开到距离朱某家30米左右的弄堂口时进不去了，朱某就下车自己走了回去。

网友看朱某神志清楚且坚持不要他送，而且离他家门又近，就没多想，跟着出租车返回了。第二天上午，朱某被发现死在离家门口不远的地方。一个月后，网友被死者家属告上法庭；五个月后，法院以他护送、帮助义务未完全完成，判他承担20%的责任，赔付10.6万余元。“我冤啊我！好心却落得如此下场！”网友想求证，本案中，同桌喝酒的其他人要不要负责?

◆ 法院裁判

法院判决送人者应承担次要责任，朱某是完全民事行为能力人，对饮酒的危害应该是很清楚的。对于自身死亡的后果，应承担主要的民事责任。而同桌喝酒其他人作为护送人员，在明知朱某饮酒过多的情况下，其护送、帮助义务未能完成，从而导致朱某在失去照顾的情况下丧失生命，也应承担相应的民事责任。

◆ 相关法条

民法典一千零五条 自然人的生命权、身体权、健康权受到侵害或者处于其他危难情形的，负有法定救助义务的组织或者个人应当及时施救。

法条释义

本条适用的前提是：自然人的生命权、身体权、健康权受到侵害或者处于其他危难情形。首先，只有在自然人的生命权、身体权、健康权处于非常紧急的需要救助的情形，如果不立即实施救助将会使自然人的生命、身体或者健康遭受重大的损害时，才可能存在法定的救助义务，此时要考虑到急迫性、危险性、其他救助措施获得的难度等因素。其次，是特定的组织或者个人负有法定的救助义务。

本条适用的法律效果是：负有法定救助义务的组织或者个人应当及时施救。首先，应当及时施救，不得以未付费等为由拒绝或者拖延救助。其次，施救的措施包括自力救助以及联系国家机关、急救机构等方式。

友情提示

节假日聚会加上中国传统的酒文化，喝上两杯在所难免，但是过量饮酒不仅伤身，还可能产生法律风险。根据民法典相关规定，若同桌有人饮酒过量，可能导致其的生命权或健康权受到侵害或处于危难情形，同桌共饮的每个人负有法定救助义务，应当尽量照顾、护送其回家或及时救助就医。

未结婚登记只办了婚礼是合法夫妻吗？

案情介绍

小美和小明是高中同学，毕业后都没有考上大学。后来双方谈起了恋爱，当时他俩都是21岁。2017年，他们在农村按照农村的习俗举行了婚礼，以夫妻名义生活在一起。2019年，他们生了一个孩子，但一直没有去领结婚证。后来双方因性格不合闹矛盾想离婚。那么他们俩是合法的夫妻关系吗？孩子的抚养权该怎么处理？

◆ **答疑解惑**

首先，结婚必须达到法定婚龄。按照民法典的规定，在我国结婚年龄是：男不得早于二十二周岁，女不得早于二十周岁；并且要求结婚的男女双方应当亲自到婚姻登记机关申请结婚登记。只有完成了结婚登记，领取了结婚证的男女才确立婚姻关系，未办理结婚登记的必须去补办结婚登记，才是婚姻关系。所以小美和小明不是婚姻关系，双方在一起生活为同居关系。

其次，同居期间所生的孩子是父母子女关系。在小美和小明同居期间生的孩子为非婚生子女，但是并不影响孩子和小明、小美之间的父母子女关系。在双方解除同居关系的时候，双方之间应该就孩子归谁抚养以及抚养费怎么承担达成一致，如果双方不能达成一致，可以到法院提起诉讼，由法院按照法律规定来做出判决。本案中，孩子不满两周岁，应当以由母亲小美直接抚养为原则，小明支付抚养费。

◆ 相关法条

民法典第一千零四十六条 结婚应当男女双方完全自愿，禁止任何一方对另一方加以强迫，禁止任何组织或者个人加以干涉。

民法典第一千零四十七条 结婚年龄，男不得早于二十二周岁，女不得早于二十周岁。

民法典第一千零四十九条 要求结婚的男女双方应当亲自到婚姻登记机关申请结婚登记。符合本法规定的，予以登记，发给结婚证。完成结婚登记，即确立婚姻关系。未办理结婚登记的，应当补办登记。

民法典第一千零五十一条 有下列情形之一的，婚姻无效：

（一）重婚；

（二）有禁止结婚的亲属关系；

（三）未到法定婚龄。

民法典第一千零五十四条 无效的或者被撤销的婚姻自始没有法律约束力，当事人不具有夫妻的权利和义务。同居期间所得的财产，由当事人协议处理；协议不成的，由人民法院根据照顾无过错方的原则判决。对重婚导致的无效婚姻的财产处理，不得侵害合法婚姻当事人的财产权益。当事人所生的子女，适用本法关于父母子女的规定。

婚姻无效或者被撤销的，无过错方有权请求损害赔偿。

民法典第一千零七十一条 非婚生子女享有与婚生子女同等的权

利，任何组织或者个人不得加以危害和歧视。

不直接抚养非婚生子女的生父或者生母，应当负担未成年子女或者不能独立生活的成年子女的抚养费。

法条释义

民法典规定了结婚自由原则，同时规定结婚必须达到法定婚龄，即男不得早于二十二周岁，女不得早于二十周岁。因为婚姻关系具有人身属性，双方必须亲自（不得委托他人代为申请）到婚姻登记机关去申请登记结婚，领取结婚证之后，双方才确立了婚姻关系。如果按照习俗办理结婚仪式没有领取结婚证的，双方不是婚姻关系，而是同居关系。在同居期间取得的财产按照共同财产处理，生育的孩子按照民法典中父母子女的关系处理。

友情提示

结婚必须达到法定婚龄，必须领取结婚证，这样双方才确立婚姻关系，才具有法律上规定的婚姻的权利义务关系哦。

离婚或退婚后能否主张返还彩礼或嫁妆？

案情介绍

小美和小明经人介绍于2015年12月8日订婚。订婚前小美向小明索要彩礼10万元，并说只有给了彩礼钱，才能结婚。订婚当天，小明就给小美支付了1万元。2016年3月18日，双方办理了结婚登记手续并举行了婚礼，并在小明父母的房子里居住生活。结婚前20天左右，小美又收到彩礼9万元。在双方结婚前，小明的父母又购买了一台价值3000元的摩托车（由小美父母保管）以及家具、家电等。双方结婚前期感情还不错，可后来常常因琐事吵架，甚至打架。2017年10月，小美用收到的彩礼购买了面包车一台（小明保管）。2018年9月，双方再次吵架，小美回娘家后一直与小明分居。后来，小明诉讼离婚并要求小美返还彩礼钱。（本案来源于中国裁判文书网）

◆ 法院裁判

法院认为，小美和小明双方相处时间不长、相互了解不够，便结婚登记，婚后的日常生活又未建立起真挚的夫妻感情，在共同生活期间，因琐事发生口角打架，于2018年9月起双方一直分居，分居后经调解也不能和好，可以认定夫妻感情确已破裂。同时，在双方订婚时，小美向小明索要彩礼的行为已违反了法律关于禁止借婚姻索取财物的规定，并造成了小明家庭生活困难。因此，对小美索要的彩礼10万元，酌情予以返还。但考虑到已用彩礼购买了面包车，该车由小明使用或保管的实际情况，判决该车归小明所有。对小明父母在双方结婚前购买的摩托车，应认定为小明的婚前财产，小美应返还。因此判决准予双方离婚，小美用彩礼所购买的面包车归小明所有，小美自判决生效后十日内返还小明摩托车一台。

◆ 相关法条

民法典第一千零四十二条 禁止包办、买卖婚姻和其他干涉婚姻自由的行为。禁止借婚姻索取财物。

禁止重婚。禁止有配偶者与他人同居。

禁止家庭暴力。禁止家庭成员间的虐待和遗弃。

《最高人民法院关于适用〈中华人民共和国民法典〉婚姻家庭编的解释（一）》第五条 当事人请求返还按照习俗给付的彩礼的，如果查明属于以下情形，人民法院应当予以支持：

（一）双方未办理结婚登记手续；

（二）双方办理结婚登记手续但确未共同生活；

（三）婚前给付并导致给付人生活困难。

适用前款第二项、第三项的规定，应当以双方离婚为条件。

法条释义

民法典第一千零四十二条是婚姻家庭编的禁止性规定。体现了婚姻自由原则，一夫一妻原则，保护妇女、未成年人、老年人和残疾人的合法权益原则。如果违反禁止性的规定，就是超越了法律规定的边界，要承担不利的法律后果。

现实生活中结婚索要财物的不在少数。离婚时索要婚前已付彩礼的案件也不少，有的甚至酿成了惨剧。法律规定禁止借婚姻索取财物。因此，如果双方未办理结婚登记手续的，可以要求返还彩礼。如果双方已办理结婚登记手续，但双方并没有共同生活或者婚前支付彩礼导致给付人生活困难的，在离婚诉讼中，可以要求对方返还财产。本案中，小明支付的彩礼是找人借的，并且在离婚诉讼的时候借款还没有偿还，可以认定为造成了小明及家人的生活困难，因此，小美应当返还。

友情提示

借婚姻索要财物是法律禁止的行为，有权要求对方返还哦。

身患重大疾病的人能结婚吗?

案情介绍

小明和小丽经人介绍认识，双方于2021年1月4日登记结婚，婚后双方在县城里买了一套房子。不久，小丽发现小明行为有些异常，遂到医院检查，发现小明患有精神分裂症，患病已有数年。小丽认为，小明向她隐瞒了患有严重精神分裂症的事实。小丽想要解除婚姻，并要求小明对他进行损害赔偿，可以吗？她可以主张哪些权利？

◆ 答疑解惑

小丽可以自她知道小明患病之日起一年内，向法院提出撤销婚姻的诉讼，一经撤销，婚姻自始无效。同时可以提出分割同居期间购买的房屋和其他财产。本案中小明向小丽隐瞒病情，小丽属于无过错方应当多分财产；另外小丽还可以向法院提出请求要求小明对她进行损害赔偿。

◆ 相关法条

民法典第一千零五十三条 一方患有重大疾病的，应当在结婚登记前如实告知另一方；不如实告知的，另一方可以向人民法院请求撤销婚姻。

请求撤销婚姻的，应当自知道或者应当知道撤销事由之日起一年内提出。

民法典第一千零五十四条 无效的或者被撤销的婚姻自始没有法律约束力，当事人不具有夫妻的权利和义务。同居期间所得的财产，由当事人协议处理；协议不成的，由人民法院根据照顾无过错方的原则判决。对重婚导致的无效婚姻的财产处理，不得侵害合法婚姻当事人的财产权益。当事人所生的子女，适用本法关于父母子女的规定。

婚姻无效或者被撤销的，无过错方有权请求损害赔偿。

《最高人民法院关于适用〈中华人民共和国民法典〉婚姻家庭编的解释（一）》第二十条 **民法典第一千零五十四条** 所规定的“自始没有法律约束力”，是指无效婚姻或者可撤销婚姻在依法被确认无效或者被撤销时，才确定该婚姻自始不受法律保护。

法条释义

一方患有重大疾病，如性病、严重的精神疾病以及其他的传染性、遗传性疾病的，如果在结婚登记前如实告知另一方，对方仍然愿意登记结婚的，可以结婚、婚姻有效。但如果向对方隐瞒病情，则是可撤销的婚姻，对方可以自知道或者应当知道这些事由之日起的一年内，向法院提出请求撤销婚姻的诉讼。同时可以主张分割双方同居期间取得的财产，法院应当根据照顾无过错方的原则判决；另外，被隐瞒方还可以要求隐瞒方对自己进行损害赔偿。婚姻被撤销后，视为双方没有结过婚，不具有夫妻关系的权利和义务。

友情提示

结婚自由，但应该本着诚实信用的原则，应当在结婚登记前如实告知对方自己身体上的疾病，否则婚姻既得不到保障还可能要进行赔偿，得不偿失。同时，如果你是被隐瞒方，那应该在知道对方患有法律规定的重大疾病之日起一年内及时提出撤销婚姻的诉讼，如果超过一年想要解除婚姻的，只能提起离婚诉讼了。

夫妻一方因日常生活处分共同财产有效吗?

案情介绍

小美是个家庭妇女，没有经济收入。其丈夫小明经商，每月给她5000元的生活费，打理家里事务。夫妻双方约定：女主内、男主外，家里的具体事务由小美承担，对外购买家庭用品、家电、家具等由小明负责。一天，小美和闺蜜逛商场时特别中意一款冰箱，因此花了7000元买回家。小明回家后很生气，认为妻子没有通知他便自作主张购买冰箱。那小美有权购买冰箱吗？小明能要求退货吗？

◆ 答疑解惑

本案中小明和小美是合法夫妻，根据民法典的规定，夫妻互相之间具有日常家事代理权，夫或妻一方实施的处理日常家事的行为视为对对方的代理，即对方是同意的。小美是完全民事行为能力人，她所实施的民事行为，如果没有法律规定为无效或可撤销的情形，均依法生效，并且夫妻双方对处理家事权限的约定不得对抗善意第三人。因此，小美有权购买冰箱，该合同已经生效，小明不能因为夫妻家事的约定要求退货。

◆ 相关法条

民法典第一千零六十条 夫妻一方因家庭日常生活需要而实施的民事法律行为，对夫妻双方发生效力，但是夫妻一方与相对人另有约定的除外。

夫妻之间对一方可以实施的民事法律行为范围的限制，不得对抗善意相对人。

法条释义

这条是关于夫妻日常家事代理权的规定，是民法典的新增条款。所谓的日常家事代理权是指在日常家事范围内，夫妻一方与第三人进行一定的法律行为时，享有代理另一方的权利。这种日常家事代理权以合法的夫妻身份关系为前提，如果是非法婚姻关系、非婚同居关系的自然人不享有这项权利。也就是说，这种代理权不仅双方要具有完全的民事行为能力，还必须具有合法的婚姻关系。夫妻双方之间在日常的家事处理上互为代理人。代理权的内容一般是要符合家庭生活水平的行为，才具有适用家事代理的前提，如对外大额投资、处置资产等则不是日常家事的范畴，此时需要夫妻双方共同决定。

家事代理权的效力为：只要夫或者妻一方在日常家事的范围内行使代理权，对另一方就发生法律效力。同时，为了维护善意第三人的信赖利益、保护交易的安全，只要夫妻一方的行为，在外观上属于日常家事代理的范围，第三人就有理由相信他的代理行为合法有效，法律就保护这样的一个信赖利益。夫妻之间即使对内有家事代理权限的限制，也不能对抗外部的善意第三人。

友情提示

日常家事处理夫妻平等，但大额支出、投资、资产处置等超出日常家事范围，要双方一致同意哦。

丈夫将财产赠与小三有效吗?

案情介绍

小美和小明于2012年7月1日办理登记结婚。2016年，小明和李某认识，后来两人发展成为不正当男女关系。2016年8月至2017年10月期间，小明多次通过其个人账户向李某转账汇款达220万元。后来，小明和小美起诉李某，要求李某返还上述财产。审理中，李某辩称款项属于赠与，况且这些款项中有一部分是小明的婚前个人财产；同时小明有权处分自己在夫妻共同财产中的份额，也就是说共同财产的一半；对这些财产小明和小美无权要求返还。（本案来源于中国裁判文书网）

◆ 法院裁判

法院审理认为，小明的汇款行为发生在夫妻关系存续期间。小明在案件审理中确认所汇款项为夫妻的共同财产。李某也没用举证证明小明的汇款是个人财产。同时，夫妻共同财产属于共同共有，在夫妻关系存续期间，财产没有份额的区分，夫妻对全部共同财产享有所有权。同时，小明对李某的汇款不属于日常生活需要，双方对夫妻共同财产所做的重要处理既没有征得小美的同意，也没有得到她的追认。因此，小明单方将夫妻共同财产赠与他人的行为全部无效，李某应当将220万元全部返还。

◆ 相关法条

民法典第一千零六十二条 夫妻在婚姻关系存续期间所得的下列财产，为夫妻的共同财产，归夫妻共同所有：

（一）工资、奖金、劳务报酬；

（二）生产、经营、投资的收益；

（三）知识产权的收益；

（四）继承或者受赠的财产，但是本法第一千零六十三条第三项规定的除外；

（五）其他应当归共同所有的财产。

夫妻对共同财产，有平等的处理权。

《最高人民法院关于适用〈中华人民共和国民法典〉婚姻家庭编的解释（一）》第二十五条 婚姻关系存续期间，下列财产属于民法典第一千零六十二条规定的“其他应当归共同所有的财产”：

（一）一方以个人财产投资取得的收益；

（二）男女双方实际取得或者应当取得的住房补贴、住房公积金；

（三）男女双方实际取得或者应当取得的基本养老金、破产安置补偿费。

民法典第一千零六十三条 下列财产为夫妻一方的个人财产：

（一）一方的婚前财产；

（二）一方因受到人身损害获得的赔偿或者补偿；

（三）遗嘱或者赠与合同中确定只归一方的财产；

（四）一方专用的生活用品；

（五）其他应当归一方的财产。

法条释义

夫妻财产制度是民法典婚姻家庭编的重要制度，有夫妻共同财产和个人财产两种形式。在夫妻双方之间没有特别约定夫妻财产归谁所有的，适用法律规定的财产制度，即哪些共有、哪些个人所有由法律直接规定。

夫妻的共同财产为共同共有，超过日常生活开支的处置行为应当由双方共同决定。根据民法典的规定，夫妻共同财产为在夫妻关系存续期间所取得的下列财产：

（1）工资、奖金、劳务报酬。此处的工资包括基本工资和各种形式的补贴、奖金、福利和其他的劳动报酬；

（2）生产、经营、投资的收益。既包括劳动所得，也包括经营投资的收入。同时，我国法律规定：一方以个人财产投资所得的收益，该收益部分为夫妻共同财产，也就是说如果是以现金投资的，本金仍然为个人财产，但是通过这些财产投资所得收益，如利息等，除孳息和自然增值部分，应当归夫妻共同所有。还比如一方婚前的房屋出租，所获得的租金为夫妻共同财产。

（3）知识产权的收益。

（4）继承或者遗赠的财产。但排除遗嘱或遗赠合同指定这些遗产仅归夫妻一方的，否则如果没有特别约定的，一方继承或者遗赠的财产归夫妻共有。

（5）其他应当归共同所有的财产。包括住房补贴、住房公积金、养老保险金、破产安置补偿费等。

夫妻一方的个人财产，归个人所有，离婚时不予分割。民法典规定下列财产为个人财产：

（1）一方的婚前财产。一方婚前财产不因婚姻关系而自动转化为共同财产，除非双方另有约定。

（2）一方因受到人身损害获得的赔偿或者补偿。如医疗费、残疾人生活补助费、伤残补助金、伤残津贴等。

（3）遗嘱或者赠与合同中确定只归一方的财产。须在遗嘱或合同中明确。

（4）一方专用的生活用品。但一方使用的贵重珠宝首饰、奢侈品等除外。

（5）其他应当归一方的财产。如军人的伤亡保险金、伤残补助金、医药生活补助费等。

友情提示

夫妻财产有约定的按照约定处理，没有约定的适用法律的规定。离婚时分割的是夫妻共同财产。

夫妻一方擅自出售共有房屋，另一方能否要求返还？

案情介绍

李某通过中介公司，以市场价格购买小明位于某区的房屋，交纳首付款后，小明和李某一同到房产登记部门办理房屋过户手续，房屋登记在了李某的名下，李某便搬进房子居住。一年后，

小明的妻子小美认为，他们是2009年4月结婚，房屋是2015年购买的，产权证登记在丈夫小明一人名下，虽然夫妻感情不和分居已有数年，但双方对家庭财产没有特别约定，所以该房屋应当为夫妻共同所有，应当共同处置。她以不知道丈夫卖房的事情为由，要求李某返还房屋。那么，小美有权要求李某返还房屋吗？

◆ 答疑解惑

在没有特别约定和证据证明的情况下，夫妻婚后购买的房屋，无论登记在夫或者妻一方名下，均应该认定为是夫妻共同财产。房屋处置不属于家庭日常事务，应当夫妻共同决定，但一方如果未经另一方

同意出售夫妻共同所有的房屋，如果第三人不知情，同时按照市场合理的价格买下了这套房屋，并且已经过户登记了，便发生了物权的转移和变动，买受人获得了房屋的所有权。因此，小美不能要求李某返还房屋，但是如果小美和小明闹离婚，在离婚时小美可以向法院提出要求小明向她赔偿损失。

◆ 相关法条

民法典第二百一十七条 不动产权属证书是权利人享有不动产物权的证明。不动产权属证书记载的事项，应当与不动产登记簿一致；记载不一致的，除有证据证明不动产登记簿确有错误外，以不动产登记簿为准。

《最高人民法院关于适用〈中华人民共和国民法典〉婚姻家庭编的解释（一）》第二十八条 一方未经另一方同意出售夫妻共同所有的房屋，第三人善意购买、支付合理对价并已办理不动产登记，另一方主张追回该房屋的，人民法院不予支持。

夫妻一方擅自处分共同所有的房屋造成另一方损失，离婚时另一方请求赔偿损失的，人民法院应予支持。

法条释义

为了保护不知情的善意第三人的利益，保护交易安全，不动产所有权发生转移的标志是变更登记，并按照物权的公示公信原则，也就是说不动产权属证书是权利人享有不动产物权的证明，不动产登记在谁的名下，就推定为是谁的财产，他就拥有对该不动产的处置权利。如果是夫妻的共同房产，仅登记在一方名下，未经对方同意而出售房屋的，如果第三人在购买该房的时候，不知道这个房屋是夫妻共同财产，而且他已经按照市场的合理价格支付了对价，同时办理了不动产变更登记手续，那么买受人就获得了房屋的所有权，另一方不得主张返还这个房屋。如果一方擅自处分共同所有的房屋，造成另一方损失的，只有在离婚的时候请求擅自出售房屋的一方向自己承担赔偿责任。

友情提示

夫妻的房屋仅登记在一方名下，也为夫妻共同财产。第三人通过合理渠道、合理价格购买并已经变更登记的，另一方不能主张返还房屋。如果利益受到损失的，离婚时可以请求对方赔偿损失。

丈夫私自借款，妻子要不要还？

案情介绍

小王和小普是夫妻，双方于2018年9月10日协议离婚。从2017年5月21日起，小王多次单独向小张借款。小张以现金或转账方式分别向小王借款12万元，小王向小张出具了三张借条。借款到期后，小王未偿还借款，也未支付过利息。2018年11月5日，小张将小王和小普告上了法庭，要求二人对这些借款承担连带赔偿责任。小张认为：小王、小普原系夫妻关系，借款是在夫妻关系存续期间发生的，因此要求小王、小普连带承担还款责任。小普称，自己对该借款不知情，并且双方已经离婚了，不应该承担赔偿责任。（本案来源于中国裁判文书网）

◆ 法院裁判

法院认为，合法的借贷关系受法律保护，小王与小张双方的借贷关系合法有效，约定的借期届满后，小张未按期还款的行为违反了法律规定和双方约定，应承担债务偿还的责任，所以小张要求小王偿还借款本金 12 万元的主张，予以支持。对于小普，法院认为，本案所涉及的借款虽然发生在小王与小普婚姻关系存续期间，但该借款仅由小王一个人确认，小张也没有确切的证据证实该借款用于他俩的夫妻共同生活、共同生产经营，并且小王、小普在离婚时也未将该笔借款作为夫妻共同债务处理，故小张要求小普承担债务偿还责任的主张无法律依据，不予支持。

◆ 相关法条

民法典第一千零六十四条 夫妻双方共同签名或者夫妻一方事后追认等共同意思表示所负的债务，以及夫妻一方在婚姻关系存续期间以个人名义为家庭日常生活需要所负的债务，属于夫妻共同债务。

夫妻一方在婚姻关系存续期间以个人名义超出家庭日常生活需要所负的债务，不属于夫妻共同债务；但是，债权人能够证明该债务用于夫妻共同生活、共同生产经营或者基于夫妻双方共同意思表示的除外。

法条释义

民法典第一千零六十四条确定了“夫妻共同债务共同签署”的制度，即夫妻双方婚姻关系存续期间，原则上夫妻对外借款，须要双方共同签署或者一方签署但另一方事后追认，如签署承诺书、部分还款、还款计划等一致意思表示的情况下，才能算作为夫妻共同债务，否则应该算作个人债务。民法典从立法上确立了一方签署的对外债务，另一方又拒绝追认为夫妻共同债务的，法律推定为是签署人的个人债务。当然除非债权人能够证明借款人虽然以个人名义对外借款，但借款是为了家庭日常生活所需（如购买家庭物品、支付孩子教育费、支付医疗费等），或者该债务是用于夫妻共同生活、共同生产经营的，也能被认定为是夫妻共同债务。在债务认定上是由债权人承担举证责任，如果债权人举证不能的话，将被认定为个人债务。

友情提示

作为出借人的你，最好要求借款人夫妻双方共同在借条上签字哦。

婚内财产约定能否对抗第三人?

案情介绍

小明和小美结婚并生了一个儿子，后来感情不和，双方签订书面协议，约定如下内容：1.为了孩子，双方不离婚；2.双方暂时分居生活，互不干涉；3.小明每年12月1日前支付儿子的生活费2万元；4.孩子的吃穿及日常生活由小美负责；5.双方欠隔壁老王的10万元由小明一人承担；6.A区的房子归小明所有，B区的房子归小美所有。之后，小明既没有按照约定支付孩子的生活费也没有偿还老王的钱，小美可以起诉小明吗？老王可以向谁主张还款责任？

◆ 答疑解惑

夫妻双方在婚姻关系存续期间可以约定财产的归属。只要这种约定没有违反法律的强制性规定，该约定对夫妻双方均具有法律约束力，双方应当全面履行该约定。因此，小美有权起诉小明支付款项。

当然，这种约定只有在第三人知道的情况下，才对第三人具有约束力，否则只在夫妻之间生效。因此，老王如果不知道这个约定，可以向小明和小美同时主张还债。

◆ 相关法条

民法典第一千零六十五条　男女双方可以约定婚姻关系存续期间所得的财产以及婚前财产归各自所有、共同所有或者部分各自所有、部分共同所有。约定应当采用书面形式。没有约定或者约定不明确的，适用本法第一千零六十二条、第一千零六十三条的规定。

夫妻对婚姻关系存续期间所得的财产以及婚前财产的约定，对双方具有法律约束力。

夫妻对婚姻关系存续期间所得的财产约定归各自所有，夫或者妻一方对外所负的债务，相对人知道该约定的，以夫或者妻一方的个人财产清偿。

法条释义

本条规定的是夫妻财产约定制，是指夫妻双方在结婚前或结婚之后，以书面形式约定婚前个人财产、婚后各自的收入的归属，如何管理、使用、处分、收益以及债务的如何承担等的协议。这种协议必须以书面的方式来订立。婚前订立的，自结婚时起对双方产生约束力；婚后订立的，自约定成立时对双方具有约束力。为了保护交易的安全，夫妻一方在与他人进行交易时应当告知对方财产约定的情况。只有在相对人知道这个约定的时候，才对他人具有效力，否则不对他人产生约束力。对夫妻财产，有约定的优先适用约定，没有约定或者约定不明确的适用法律的规定。

友情提示

夫妻财产的约定仅限于对“财产”，如果约定为“如果一方出轨，离婚时净身出户”等含有人身属性的表达，极易被认定为约定无效，适用法定财产制。

夫妻一方能否单独主张分割财产？

案情介绍

小明和小美于 1999 年结婚，有一个儿子。小明喜欢在外面玩耍。小美最近发现丈夫在外消费无度、挥霍钱财。同时，小美的父亲得了尿毒症，需要很高的治疗费用，但小明并不愿意为岳父支付医疗费，双方起了争执。小美并不想和丈夫离婚，她想用夫妻共同财产中属于自己的那一部分为父亲治病，那她可以要求分割夫妻共同财产吗？

◆ 答疑解惑

夫妻关系存续期间财产为共同所有，一般不允许分割夫妻共同财产。小美对她的父亲重病具有扶养的义务。本案中小明存在挥霍夫妻共同财产并不愿意负担岳父医疗费的情况，小美可以不起诉离婚而单独向法院请求分割共同财产。

◆ 相关法条

民法典第一千零六十六条 婚姻关系存续期间，有下列情形之一的，夫妻一方可以向人民法院请求分割共同财产：

（一）一方有隐藏、转移、变卖、毁损、挥霍夫妻共同财产或者伪造夫妻共同债务等严重损害夫妻共同财产利益的行为；

（二）一方负有法定扶养义务的人患重大疾病需要医治，另一方不同意支付相关医疗费用。

法条释义

由于夫妻共同财产属于双方共同共有，对于共同财产的使用，需要夫妻双方共同达成一致意见。离婚时可以主张分割共同财产，在婚姻关系存续期间，一般以不得分割共同财产为原则，允许分割为例外，而且分割的条件是法律的直接规定，不能适用类推或者作扩大解释，避免随意主张分割共同财产，损害家庭的稳定、影响夫妻共同财产保障功能的实现。因此，民法典确定一方请求分割共同财产的，法院不予支持。但是若存在一方故意隐藏、转移、变卖、毁损或者采用吸毒、赌博、超出经济承受能力的随意奢侈消费等方式，挥霍浪费夫妻共同财产的，为了保护自己的利益可以要求分割共有财产。

同时，也会出现一方需要使用共同财产用于夫妻共同事务以外的事项，但另一方不同意的情形。所以，法律规定了如果一方负有法定扶养义务的人，比如说父母患重大疾病需要及时治疗，而对方不同意使用夫妻共同财产的，就会对其履行抚养义务造成严重损害 ，此时也可以要求分割共同财产。

友情提示

在符合法定情形下，夫妻可以不提离婚诉讼而单独主张分割夫妻共同财产哦。

私生子有些什么权利?

案情介绍

已婚妇女小陈和老王是同事。一天，他俩发生了不正当的性关系。后来，小陈发现自己怀孕并告诉老王，老王要小陈把孩子生下来。2015 年 10 月，小陈生下了一名男婴，但孩子体弱多病，经常需要到医院医治。小陈要求老王支付抚养费、医疗费等费用，但老王拒绝支付，也拒绝承认孩子是他亲生的。小陈带着孩子与老王的头发到司法鉴定中心做了亲子鉴定，确认孩子是老王亲生的，其丈夫不是孩子生物学意义上的父亲，但老王仍拒绝支付费用。小陈便到法院起诉，要求老王支付孩子的医疗费、生活费、抚养费等相关费用。（本案来源于中国裁判文书网）

◆ 法院裁判

法院认为，老王是孩子生物学意义上的父亲，根据法律的规定，亲生父亲有抚养、教育子女的义务。因此，判决老王向小陈支付上述费用。

◆ 相关法条

民法典第一千零七十一条 非婚生子女享有与婚生子女同等的权利，任何组织或者个人不得加以危害和歧视。

不直接抚养非婚生子女的生父或者生母，应当负担未成年子女或者不能独立生活的成年子女的抚养费。

民法典第一千零六十七条 父母不履行抚养义务的，未成年子女或者不能独立生活的成年子女，有要求父母给付抚养费的权利。

成年子女不履行赡养义务的，缺乏劳动能力或者生活困难的父母，有要求成年子女给付赡养费的权利

法条释义

非婚生子女是与婚生子女相对应的概念，是指没有婚姻关系的男女所生的子女。比如：男女未婚同居期间所生的子女，已婚男女与第三方发生婚外不当关系所生的子女,以及妇女被强奸后所生的子女等。法律规定，非婚生子女与婚生子女一律平等享有父母、子女之间的权利及义务。他们的人格尊严、人身权利、财产权利等均受到法律的保护。非婚生子女与生父母的权利和义务，适用婚姻家庭编中关于父母子女关系的规定。因此，生父母有义务负担非婚生未成年子女或者不能独立生活的成年子女的抚养费，同样非婚生子女也有权利与婚生子女平等的继承生父母的遗产的权利。

友情提示

私生子和婚生子的权利是一样，适用关于父母与子女的法律规定，不能歧视并不能剥夺。

签了离婚协议但没办理离婚登记，协议还有效吗？

案情介绍

小明和小美于2009年3月8日登记结婚，2010年7月生了一个儿子。结婚初期夫妻感情较好，后来双方性格不合，关系恶化。2016年5月8日，他们签订了一份离婚协议，写明儿子由小美抚养，夫妻关系存续期间所购买的房子归小美所有，房子过户之后去办理离婚手续，双方没有其他的债权债务。同年7月，双方就去将小明名下的房子过户到小美名下，但是过户之后小美反悔了，不同意离婚。8月，小明向法院提起诉讼，请求判决离婚并分割共同财产（已经过户的那套房子）。那么，双方草拟的离婚协议是否生效？变更登记的房产是否是夫妻共同财产？（本案来源于中国裁判文书网）

◆ 法院裁判

本案的离婚协议属于婚内离婚协议。所谓婚内离婚协议是指夫妻双方在婚姻关系存续期间，以解除婚姻关系为目的，并就财产分割及子女抚养达成的协议。婚内离婚协议是以双方协议离婚为前提，一分或者双方为了达到离婚的目的，可能在子女抚养、财产分割等方面作出有条件的让步，如果双方没有去登记离婚，则协议没有生效，对双方不产生法律约束力，不能作为法院处理离婚案件的直接依据。虽然房产登记从小明的名下变更到小美的名下，但该房子还是他们婚姻关系存续期间的共同财产，与原来登记在小明名下的性质是一样，属于夫妻共同财产，离婚的时候可以分割。

◆ 相关法条

民法典第一千零七十六条 夫妻双方自愿离婚的，应当签订书面离婚协议，并亲自到婚姻登记机关申请离婚登记。

离婚协议应当载明双方自愿离婚的意思表示和对子女抚养、财产以及债务处理等事项协商一致的意见。

法条释义

离婚可以采用诉讼离婚和协议离婚两种方式。协议离婚是双方达成一致、自愿离婚，到民政局办理离婚登记，解除夫妻关系的一种形式。协议离婚的条件有：

（1）双方之间存在合法有效的婚姻关系，即不包括非婚同居的男女。

（2）双方必须是具有完全民事行为能力人，如果夫妻一方为无民事行为能力人或者限制民事行为能力人的离婚，只能通过诉讼程序解决，由他的法定代理人代理诉讼。

（3）双方必须具有离婚的意思表示。

（4）双方亲自到登记机关申请登记。

（5）签有书面的离婚协议。

离婚协议应当写明双方自愿离婚，并约定了子女如何抚养、财产以及债务如何处理等事项。离婚协议是解除夫妻双方人身关系的协议，经双方签字确认并到民政局去申请离婚登记后才能生效，如果没有去办理离婚登记则离婚协议不生效，不能作为离婚诉讼中财产分割的证据。

友情提示

双方虽然签订了离婚协议，但是未去民政部门办理离婚登记，离婚协议就不生效，在离婚诉讼中该离婚协议也不能作为诉讼的证据使用。

离婚冷静期是怎么规定的?

案情介绍

小明和小美认识不久就闪婚了。结婚不到一年，双方性格不合，决定离婚。他们准备写一份离婚协议到民政局去登记离婚。那么，他们该怎样准备离婚协议，以及怎样才能办理协议离婚呢？

◆ 答疑解惑

夫妻双方想协议离婚，应当准备书面的离婚协议书，写明双方是自愿离婚，同时要对他们的子女抚养以及债务如何处理和财产分割的事项协商达成一致意见。然后双方亲自（不得委托代理）到民政局申请离婚登记。民政局收到申请之日起 30 天内，任何一方不愿意离婚，都可以撤回申请。30 天期限届满之后，双方在接下来的 30 天内，再次亲自到民政局登记办理离婚手续，取得离婚证，双方才正式解除婚姻关系（也就是说双方自到民政局提出申请离婚开始，最快离婚需要 31 天），如果没有申请，或超过 30 天没有去登记，则视为撤销申请。

◆ 相关法条

民法典第一千零七十六条 夫妻双方自愿离婚的，应当签订书面离婚协议，并亲自到婚姻登记机关申请离婚登记。

离婚协议应当载明双方自愿离婚的意思表示和对子女抚养、财产以及债务处理等事项协商一致的意见。

民法典第一千零七十七条 自婚姻登记机关收到离婚登记申请之日起三十日内，任何一方不愿意离婚的，可以向婚姻登记机关撤回离婚登记申请。

前款规定期限届满后三十日内，双方应当亲自到婚姻登记机关申请发给离婚证；未申请的，视为撤回离婚登记申请。

民法典第一千零七十八条 婚姻登记机关查明双方确实是自愿离婚，并已经对子女抚养、财产以及债务处理等事项协商一致的，予以登记，发给离婚证。

法条释义

协议离婚的冷静期是民法典规定的一项新制度。随着这几年离婚率高、复婚率也高，闪婚闪离又闪复的人群较多。为减少轻率离婚、冲动离婚的现象，维护婚姻家庭的稳定，设置了离婚冷静期制度。离婚冷静期制度的前提是遵守婚姻自由原则，法律保障离婚自由，但同时要防止轻率离婚，在充分尊重双方的真实意思表示的前提下，给出双方适当的时间，冷静思考，避免一时冲动草率离婚。冷静期并非是我国立法首创，法国、俄罗斯、韩国等国家都有冷静期的相关规定。

友情提示

冲动是魔鬼，离婚需冷静！

法院应当判决离婚的情形有哪些?

案情介绍

小明和小美于2009年3月8日登记结婚，2010年7月生了一个儿子。婚后共同生活中，双方经常因家庭琐事发生纠纷，并且小明还吸毒。2015年10月8日，小美以夫妻感情彻底破裂为由提起离婚诉讼。小明辩解称，双方感情没有破裂，并不愿意离婚，戒毒后将回归家庭，决心悔改，做一个好父亲和好丈夫。一审法院判决准予离婚。小明上诉至二审法院，并提出双方有一处房子为夫妻共同所有，应当进行分割，请依法改判，不准双方离婚；若小美要执意离婚，孩子抚养权应该归自己所有，并且分割夫妻的共同财产。（本案来源于中国裁判文书网）

◆ 法院裁判

二审法院认为，法院审理离婚案件，应当进行调解，如感情确已破裂、调解无效，准予离婚。并且小明长期吸毒却屡教不改，符合法定的离婚条件，小美明确拒绝调解，没有调解的可能，因此判处双方离婚。同时，子女抚养应从有利于子女身心健康、保障子女的合法权益出发，结合父母双方的抚养能力和抚养条件等具体情况妥善解决。小明因吸毒患有海洛因依赖症，并住院治疗，因此，小美更适合抚养孩子。小明在一审庭审中明确回答“没有夫妻共同财产”，二审中又提出要求分割共同财产，违反诚信原则。因不如实回答法庭询问，造成不利后果，应该由本人承担。同时法律规定，在二审程序中，出现增加独立的诉讼请求或提出反诉的，第二审法院可以根据当事人的自愿原则进行调解，调解不成的，告知当事人另行起诉。现因小美不愿意进行调解，小明可以另行诉讼。

◆ 相关法条

民法典第一千零七十九条 夫妻一方要求离婚的，可以由有关组织进行调解或者直接向人民法院提起离婚诉讼。

人民法院审理离婚案件，应当进行调解；如果感情确已破裂，调解无效的，应当准予离婚。

有下列情形之一，调解无效的，应当准予离婚：

（一）重婚或者与他人同居；

（二）实施家庭暴力或者虐待、遗弃家庭成员；

（三）有赌博、吸毒等恶习屡教不改；

（四）因感情不和分居满二年；

（五）其他导致夫妻感情破裂的情形。

一方被宣告失踪，另一方提起离婚诉讼的，应当准予离婚。

经人民法院判决不准离婚后，双方又分居满一年，一方再次提起离婚诉讼的，应当准予离婚。

法条释义

这条是关于诉讼离婚的规定。在我国，诉讼离婚应当进行调解，调解无效的法院从婚姻基础、婚后感情、离婚原因、夫妻关系状况有无和好可能等方面，综合分析判断夫妻感情是否已经破裂，如果认为已经破裂，法院才会判决离婚。当然，如果在出现下列法定事由，调解无效的，应当准予离婚：

（1）出现重婚或者与他人同居；（2）家暴、虐待、遗弃家庭成员；（3）赌博、吸毒等恶习屡教不改的；（4）因感情不和分居满二年；（5）一方判处有期徒刑等；（6）以及一方被宣告失踪；（7）其他导致夫妻感情破裂的情形，如一方患有严重的精神病，久治不愈；（8）经法院判决不准离婚，双方分居满一年之后，一方再次提起离婚诉讼的。最后这种情形是这次民法典新增的条款，是法定判决离婚的情形。但是也需要满足下列条件：（1）法院已经有过一次不准离婚的判决；（2）判决后双方并没有重归于好，且分居满一年；（3）一方再次提起离婚诉讼的。在这种情况下，说明离婚的意愿很坚决，法院应当准予离婚，来解决离婚诉讼久调不决的问题。

友情提示

有证据证明具有法定离婚情形的，经调解不能和好，法院应当判决离婚。

离婚后孩子的抚养权归谁？抚养费怎么支付？

案情介绍

小明和小美结婚以后，小明经常殴打小美。小美不堪忍受，向法院提起离婚诉讼。他们有一个不满两周岁的儿子，那么小美能获得孩子的抚养权吗？能向小明主张抚养费吗？

◆ 答疑解惑

根据法律规定，不满两周岁的子女，以由母亲直接抚养为原则 。本案中小明不能证明小美存在不适于抚养的情形，所以孩子应由小美抚养。另外，不直接抚养孩子的小明应当负担部分或者全部抚养费，费用的多少和期限的长短，由双方协议；协议不成的，由法院判决。

◆ 相关法条

民法典第一千零八十四条 父母与子女间的关系，不因父母离婚而消除。离婚后，子女无论由父或者母直接抚养，仍是父母双方的子女。

离婚后，父母对于子女仍有抚养、教育、保护的权利和义务。

离婚后，不满两周岁的子女，以由母亲直接抚养为原则。已满两周岁的子女，父母双方对抚养问题协议不成的，由人民法院根据双方的具体情况，按照最有利于未成年子女的原则判决。子女已满八周岁的，应当尊重其真实意愿。

民法典第一千零八十五条 离婚后，子女由一方直接抚养的，另一方应当负担部分或者全部抚养费。负担费用的多少和期限的长短，由双方协议；协议不成的，由人民法院判决。

前款规定的协议或者判决，不妨碍子女在必要时向父母任何一方提出超过协议或者判决原定数额的合理要求。

民法典第一千零八十六条 离婚后，不直接抚养子女的父或者母，有探望子女的权利，另一方有协助的义务。

行使探望权利的方式、时间由当事人协议；协议不成的，由人民法院判决。

父或者母探望子女，不利于子女身心健康的，由人民法院依法中止探望；中止的事由消失后，应当恢复探望。

法条释义

夫妻离婚时，父母与子女的关系不因离婚消除。父母对子女仍然存在抚养、教育、保护的权利和义务。离婚的时候，孩子归谁抚养，要以最有利于孩子成长为原则，综合考虑双方的抚养能力和抚养条件等具体情况解决。法律规定，不满两周岁的子女，以母亲直接抚养为原则，除非能够证明：（1）母亲患有久治不愈的传染性疾病或其他严重疾病，子女不能与其共同生活；（2）或者有抚养条件，不尽抚养义务；（3）其他原因，子女的确无法随母亲生活，可以随父亲生活。如果是已满八周岁的未成年人，应当尊重其真实的意愿，在最有利于其成长的前提下做出判决。

不直接抚养孩子的一方有探望孩子的权利，另一方有协助的义务。同时不直接抚养孩子的一方应当负担抚养费，抚养费支付的多少和期限，由双方协议；如果协商不成，有固定收入的，一般可按照月总收入的 20%—30% 的比例支付；没有固定收入的，抚养费的数额可依据当年总收入或同行业的平均收入参照上述的比例确定; 有特殊情况的，可适当提高或者降低比例。抚养费可以采用定期支付或一次性支付等方式。

友情提示

即使夫妻离婚了，双方对孩子仍有抚养、教育、保护的权利和义务。

离婚时夫妻财产如何分割?

案情介绍

漂亮的小美大学毕业后，认识富豪小明，不久两人坠入爱河，并且闪婚。婚后两人生了一个儿子，小美便做起了家庭主妇，在家专心带孩子。可好景不长，小美发现自己的丈夫有了外遇，并且和他人同居。小美非常伤心想要离婚，但她没有生活来源，而且他们婚后没有置办什么产业，名下的别墅、豪车等均为小明婚前所有，只有现金、基金、股票等市值200万元。双方没有财产约定。那么，如果小美想要离婚的话，她可以提出哪些财产权益和主张呢?

◆ 答疑解惑

本案中，小美在照顾家庭、抚养子女中，负担了较多的义务。在婚姻关系存续期间，小明出轨与他人同居，存在过错。按照法律的规定，在夫妻财产没有约定的情形下，离婚的时候分割的是共同财产，如果没有证据证明上述现金等为个人财产的，那么200万元为分割的对象。小美可以提出以下诉求：（1）对方存在过错，应当准予离婚；（2）可请求孩子由自己直接抚养；（3）按照照顾子女、女方和无过错方权益的原则主张多分上述200万元共同财产；（4）婚后自己照顾家庭、抚养子女，负担了较多的家务劳动，请求小明给予补偿；（5）小明与他人同居，存在过错，要求损害赔偿。其中第（4）（5）项的要求是在分割共同财产之后的财产请求。

◆ 相关法条

民法典第一千零八十七条 离婚时，夫妻的共同财产由双方协议处理；协议不成的，由人民法院根据财产的具体情况，按照照顾子女、女方和无过错方权益的原则判决。

对夫或者妻在家庭土地承包经营中享有的权益等，应当依法予以保护。

民法典第一千零八十八条 夫妻一方因抚育子女、照料老年人、协助另一方工作等负担较多义务的，离婚时有权向另一方请求补偿，另一方应当给予补偿。具体办法由双方协议；协议不成的，由人民法院判决。

民法典第一千零九十一条 有下列情形之一，导致离婚的，无过错方有权请求损害赔偿：

（一）重婚；

（二）与他人同居；

（三）实施家庭暴力；

（四）虐待、遗弃家庭成员；

（五）有其他重大过错。

民法典第一千零四十三条 家庭应当树立优良家风，弘扬家庭美德，重视家庭文明建设。

夫妻应当互相忠实，互相尊重，互相关爱；家庭成员应当敬老爱幼，互相帮助，维护平等、和睦、文明的婚姻家庭关系。

法条释义

离婚时夫妻的共同财产如何分割，由双方协商一致。如果协商不成的，法院依法裁判。一般情况下，夫妻的共同财产应当平均分割，照顾子女、女方和无过错方的权益，尊重当事人的意愿，按照有利于生产、方便生活等基本原则进行。如果一方存在隐藏、转移、变卖、毁损、挥霍夫妻共同财产，或者伪造夫妻共同债务企图侵占另一方财产的，在离婚时，可以少分或者不分。

同时，在分割财产的时候，对承担较多家务劳动的夫妻，比如说抚养子女、照顾老人或协助另一方工作等承担较多义务的，在离婚时有权向对方提出经济补偿请求权。这一规定体现了法律对家务劳动的价值肯定，以及对离婚中的弱势一方的救济理念。

同时，基于民法典规定的弘扬家庭美德，重视家庭文明建设的基本原则，如果由于一方的过错，如重婚、与他人同居、家暴、虐待、遗弃家庭成员等重大过错导致了离婚，那么无过错方有权在离婚诉讼中提出请求损害赔偿。这种损害赔偿必须在提起离婚诉讼的同时提出，或者在离婚后一年内另行起诉。

友情提示

家务劳动得到了法律的肯定。如果因为一方过错导致了离婚，那么过错方将要为自己的行为买单。

收养人需要具备什么条件?

案情介绍

老王今年35岁，妻子28岁，两人有一个4岁的女儿。二胎政策放开以后，老王特别想再要一个孩子，可是因为老王的身体原因，无法生育。而妻子觉得自己已经有一个孩子了，养孩子的成本又特别高，不愿意收养。那么，他们是否可以收养一个孩子?

◆ 答疑解惑

老王不能收养孩子。按照民法典的规定，收养人应当年满30周岁，有配偶者收养子女的，必须双方都一致同意，都年满30周岁。老王的妻子不同意收养，而且也未满30周岁，所以不能收养。

◆ 相关法条

民法典第一千零九十八条 收养人应当同时具备下列条件：

（一）无子女或者只有一名子女；

（二）有抚养、教育和保护被收养人的能力；

（三）未患有在医学上认为不应当收养子女的疾病；

（四）无不利于被收养人健康成长的违法犯罪记录；

（五）年满三十周岁。

民法典第一千零九十九条 收养三代以内旁系同辈血亲的子女，可以不受本法第一千零九十三条第三项、第一千零九十四条第三项和第一千一百零二条规定的限制。

华侨收养三代以内旁系同辈血亲的子女，还可以不受本法第一千零九十八条第一项规定的限制。

民法典第一千一百零一条 有配偶者收养子女，应当夫妻共同收养。

民法典第一千一百零二条 无配偶者收养异性子女的，收养人与被收养人的年龄应当相差四十周岁以上。

法条释义

收养是一项重大的关系身份变化的法律行为，收养关系一旦成立，便导致了法律拟制的父母子女权利义务的产生。因此，对被收养人的条件和收养人的条件法律都作出了严格的规定。体现了对未成年人合法权益的保障，同时，也有助于防止违背婚姻伦理的行为，为确保收养关系的有效性，法律规定收养人应当符合以下条件：

（1）没有子女或只有一个子女。这是在收养法的基础上，按照新的计划生育政策作了调整，即使已经有一个子女仍然可以再收养一个子女。但继父或者继母经继子女的生父母同意，收养继子女；华侨收养三代以内旁系同辈血亲的子女不受本条限制。

（2）收养人有抚养教育和保护被收养人的能力。也就是说，收养人应当具有完全的民事行为能力，在身体上、智力上、经济上、道德品质和教育子女等方面都有能力抚养和教育被抚养人，能够履行父母对子女应尽的义务。

（3）未患有医学上认为不应当收养子女的疾病，如精神疾病和传染病。

（4）没有不利于被收养人健康成长的违法犯罪记录。如：严重的刑事犯罪记录，侵害未成年人的刑事犯罪记录等。

（5）必须年满 30 周岁。夫妻共同收养的，则必须双方都年满 30 周岁，而且必须双方一致同意收养子女。如果一方不同意，配偶单方不能收养。另外，没有配偶的人收养与自己性别不同的子女，法律特别规定，收养人和被收养人年龄应当相差 40 周岁以上。这一规定的目的在于防止乱伦以及其他非法现象的产生，即男性收养女性子女，或者女性收养男性子女，都必须相差 40 周岁。

友情提示

送养人有责任和义务审查收养人是否符合收养条件，并办理了合法手续方可收养。一旦收养关系成立，便产生了法律上父母子女的权利义务关系。

收养子女有数量限制吗?

案情介绍

王老师自己有一个女儿，又收养了一个孤儿。那么他还能到福利院再收养一名子女吗？收养子女是否有数量限制？

◆ 答疑解惑

收养子女是有人数限制的。王老师已经有一个子女，他只能再收养一个子女。如果他还想到福利院收养孩子，若这个孩子是找不到亲生父母的孩子，是可以再收养的，否则不可以。

◆ 相关法条

民法典第一千一百条 无子女的收养人可以收养两名子女；有子女的收养人只能收养一名子女。

收养孤儿、残疾未成年人或者儿童福利机构抚养的查找不到生父母的未成年人，可以不受前款和本法第一千零九十八条第一项规定的限制。

法条释义

为保障被收养人的生活条件及其他利益，民法典规定了收养人收养子女的数量限制。原则上收养人最多只能收养两名子女，同时法律为了保障孤儿、残疾未成年人或者儿童福利机构抚养的找不到亲生父母的未成年人的合法权益，放宽相关限制性条件，让这三类未成年人尽量能够进入普通家庭生活，在父母的抚育下健康成长。所以这三类孩子在收养的时候不受数量的限制。但是送养人在送养的时候，仍然需要审查收养人的经济实力、道德品行及犯罪记录等条件是否符合收养条件。

友情提示

收养孤儿、残疾未成年人或者儿童福利机构抚养的查找不到生父母的未成年人，可以不受收养两名子女的数量限制。

父子俩在同一起事故中死亡，如何确定继承?

案情介绍

小明和小美育有两个儿子。一天，小明和爷爷奶奶带着小儿子一同回老家，不幸在路上发生了车损人亡的重大交通事故。小明及父母死于该事故。交警赶到现场时，三人已经没有生命体征，但无法确定三人死亡的先后顺序。那么如何确定他们的死亡顺序及继承关系呢?

◆ 答疑解惑

本案中死者互相存在继承关系，即父母子女之间享有的相互继承权。相互有继承关系的数人在同一事件中死亡，没办法确定死亡先后时间的，法律推定没有其他继承人的人先死亡；都有其他继承人，辈分不同的，推定长辈先死亡；辈分相同的，推定同时死亡，相互不发生继承。那么本案中，死者均有继承人，推定爷爷奶奶作为长辈死于小明之前，爷爷奶奶是同一辈分，推定同时死亡，相互不发生继承。

顺序为：爷爷奶奶同时死亡，小明后死亡。小明有权按份继承父母的遗产，但小明已经死亡，他应该继承的份额由他的子女代位继承。

◆ 相关法条

民法典第一千一百二十一条 继承从被继承人死亡时开始。

相互有继承关系的数人在同一事件中死亡，难以确定死亡时间的，推定没有其他继承人的人先死亡。都有其他继承人，辈份不同的，推定长辈先死亡；辈份相同的，推定同时死亡，相互不发生继承。

民法典第四十八条 被宣告死亡的人，人民法院宣告死亡的判决作出之日视为其死亡的日期；因意外事件下落不明宣告死亡的，意外事件发生之日视为其死亡的日期。

法条释义

被继承人死亡的时间就是继承开始的时间，自然人死亡包括自然死亡或宣告死亡两种。死亡人的死亡时间如何确定，直接影响到继承人的利益。如果两个以上存在继承权的人在同一事件中死亡，不能确定死亡的先后时间的，民法典确定：对没有继承人的死亡人和身为长辈的死亡人实行推定死亡在先原则；而对同辈的死亡人实行的是的推定同时死亡原则，互不发生继承。如果在同一事件中死亡，相互之间没有继承关系，或者能够确定死亡的先后顺序，那么就不存在这一推定法则，按照各自的死亡顺序来确定继承关系。

友情提示

被继承人死亡的时间就是继承开始的时间，死亡人的死亡时间如何确定，直接影响到继承人的利益。

法定继承的顺序是什么?

案情介绍

被继承人老杨于2019年12月8日死亡，他和小美是原配夫妻，共同生育了四个子女：杨大、杨二、杨三和杨四。杨四（未婚）于2009年9月8日去世；小美于2017年10月5日去世；杨大于2016年2月5日去世，杨大与原配妻子小陈生育了一个孩子陈一。

登记在老杨名下一套位于北京市东城区的房子，是老杨和小美的夫妻共同财产，该房屋每平方米价值为9万元，房屋建筑面积为80平方米。杨二、杨三向法院提起诉讼，要求依法继承父亲的遗产。（本案来源于中国裁判文书网）

◆ 法院裁判

继承开始后，有遗嘱或遗赠的，按照遗嘱继承和遗赠办理；有遗赠扶养协议的，按照协议办理；本案中被继承人没有遗嘱，也没有遗赠及遗赠扶养协议，则按照法定继承办理。因此被继承人老杨去世后，其享有的房屋的产权份额应当按照法定继承依法分割。按照民法典的规定，法定继承的第一顺序为：配偶、子女、父母；同一顺序继承人继承遗产的份额一般应当均等，所以老杨的上述遗产由法定继承人均等继承。法院判决，房屋归杨二所有，杨二对杨三、小陈、陈一分别支付经济补偿款。

◆ 相关法条

民法典第一千一百二十六条 继承权男女平等。

民法典第一千一百二十七条 遗产按照下列顺序继承：

（一）第一顺序：配偶、子女、父母；

（二）第二顺序：兄弟姐妹、祖父母、外祖父母。

继承开始后，由第一顺序继承人继承，第二顺序继承人不继承；没有第一顺序继承人继承的，由第二顺序继承人继承。

本编所称子女，包括婚生子女、非婚生子女、养子女和有扶养关系的继子女。

本编所称父母，包括生父母、养父母和有扶养关系的继父母。

本编所称兄弟姐妹，包括同父母的兄弟姐妹、同父异母或者同母异父的兄弟姐妹、养兄弟姐妹、有扶养关系的继兄弟姐妹。

法条释义

法定继承是我国重要的继承制度，在没有遗嘱、遗赠和遗赠扶养协议的情况下或存在遗嘱、遗赠和遗赠扶养协议未处置的遗产，则按照法定继承办理。法定继承，顾名思义，就是不需要约定而是由法律直接规定的继承方式。法定继承是有顺位之分的，同一顺位的继承人一般继承份额均等。民法典规定继承人的范围，第一顺序为配偶、子女、父母。配偶是在被继承人死亡时，与被继承之间存在合法的婚姻关系的夫妻才享有继承权。子女包括婚生子女、非婚生子女、养子女和有扶养关系的继子女。父母包括生父母、养父母和有扶养关系的继父母。

如果没有第一顺位继承人的，那么由第二顺位的继承人继承。第二顺位的继承人是兄弟姐妹、祖父母、外祖父母。兄弟姐妹包括同父母的兄弟姐妹、同父异母或同母异父的兄弟姐妹、养兄弟姐妹、有扶养关系的继兄弟姐妹。法定继承的继承顺序是有法律强制性规定的，具有法定性，不能由当事人自行决定。同时法定继承具有强行性，在适用法定继承方式的时候，不得以任何理由加以改变，即使是被继承人也无权改变，除非他设立有效的遗嘱或遗赠，排除了法定继承的适用。

友情提示

没有遗嘱、遗赠和遗赠扶养协议的情况下或存在遗嘱、遗赠和遗赠扶养协议未处置的遗产，则按照法定继承办理，法定继承的继承顺序为法律强制性规定。

继承人什么情况下丧失继承权？

案情介绍

老杨有两个儿子。老杨长期与大儿子居住在农村，小儿子在城里工作，大儿子和大儿媳妇经常让老人挨饿受冻。一天老人外出去亲戚家唠嗑 ，吃完晚饭回家已经天黑。老人敲门，大儿子夫妻俩始终不开门。那天夜里下起了大雪，老人被冻伤入院，经司法鉴定为重伤。老人在农村有一栋房子，大儿子有继承权吗？

◆ 答疑解惑

本案中老杨的两个儿子都有继承权，平等继承父亲的遗产。但是大儿子对父亲有虐待行为，并造成了重伤的严重后果，依照法律的规定丧失了继承权，除非老大确有悔改表现，老人表示对他的不孝行为表示宽恕和原谅，否则不得继承老杨的遗产。

◆ 相关法条

民法典第一千一百二十五条 继承人有下列行为之一的，丧失继承权：

（一）故意杀害被继承人；

（二）为争夺遗产而杀害其他继承人；

（三）遗弃被继承人，或者虐待被继承人情节严重；

（四）伪造、篡改、隐匿或者销毁遗嘱，情节严重；

（五）以欺诈、胁迫手段迫使或者妨碍被继承人设立、变更或者撤回遗嘱，情节严重。

继承人有前款第三项至第五项行为，确有悔改表现，被继承人表示宽恕或者事后在遗嘱中将其列为继承人的，该继承人不丧失继承权。

受遗赠人有本条第一款规定行为的，丧失受遗赠权。

法条释义

依照法律的规定，享有继承权的人因发生一些法律上规定的情形，而失去继承遗产的资格，又叫继承权的剥夺。民法典规定继承权丧失有两种类型。一种是绝对丧失继承权。包括：

（1）故意杀害被继承人。不论是既遂还是未遂，均应当认定丧失继承权。

（2）为争夺遗产而杀害其他继承人。这两种继承权的丧失都不得宽恕，是绝对的丧失，即使被继承人以遗嘱方式，将遗产指定给这样的继承人继承，均可以通过诉讼确认遗嘱无效，并确认该继承人丧失继承权。

还有一种是继承权的相对丧失，在这种情况下只要得到被继承人的宽恕就恢复了继承权，包括：

（1）遗弃被继承人，或者虐待被继承人情节严重；“虐待被继承人情节严重”，可以从实施虐待行为的时间、手段、后果和社会影响等方面认定。虐待被继承人情节严重的，不论是否追究刑事责任，均可确认其丧失了继承权。

（2）伪造、篡改、隐匿或者销毁遗嘱，情节严重的；如侵害了缺乏劳动能力又无生活来源的继承人的利益，并造成其生活困难的。

（3）以欺诈、胁迫手段迫使或者妨碍被继承人设立、变更或者撤回遗嘱，情节严重。在上述情况下，如果继承人确有悔改表现，被继承人表示宽恕或者是在遗嘱中将它们列为继承人的，那么继承人就不丧失继承权。也就是说，得到被继承人的宽恕之后，继承权得到恢复。

友情提示

继承人存在不法或不当行为的，继承资格有可能丧失哦。

侄子女能继承叔叔的遗产吗?

案情介绍

老杨一生未娶，无儿无女，他曾经在国外经商赚了不少家业，年事已高回国养老。不幸的是，没多久老杨就去世了。老杨有一个哥哥，哥哥生育了一个儿子，收养了一个女儿，哥哥也早已去世。那么老杨的遗产由谁继承呢?

◆ 答疑解惑

如果老杨生前留有合法有效的遗嘱、遗赠或遗赠扶养协议的，按照遗嘱、遗赠或遗赠扶养协议的内容来处理遗产。如果没有则按照法定继承处理。按照法定继承的顺位来看，老杨没有第一顺位的法定继承人即配偶、父母、子女，因此由第二顺位的法定继承人即他的兄弟姐妹，也就是他的哥哥是唯一的法定继承人。但是哥哥又在老杨之前去世,那么根据民法典的规定,他哥哥的子女有权代为继承老杨的遗产。同时，被继承人的养子女也可以代为继承。因此，老杨哥哥的儿子和收养的女儿有平等的继承权，可以继承其叔叔的遗产。

◆ 相关法条

民法典第一千一百二十八条 被继承人的子女先于被继承人死亡的，由被继承人的子女的直系晚辈血亲代位继承。

被继承人的兄弟姐妹先于被继承人死亡的，由被继承人的兄弟姐妹的子女代位继承。

代位继承人一般只能继承被代位继承人有权继承的遗产份额。

法条释义

代位继承是继承法上的一个重要的法定继承制度。代位继承人继承被继承人的遗产，不是基于自身固有的权利，而是代表被代位继承人参加继承，也就是说，代位继承人是以被代为继承人的地位而获得被代位继承的应继承的份额。根据民法典的规定，被继承人的子女先于被继承人死亡的，由被继承人的子女的晚辈直系血亲代位继承。也就是说，如果父亲在爷爷之前死亡，那么孙子就可以代替父亲，在父亲的继承范围内继承爷爷的遗产。这里的代位继承不受辈分的限制，也就是说，被继承人的孙子女、外孙子女、曾孙子女、外曾孙子女都可以代位继承。同时，养子女、已经形成抚养关系的继子女，同亲生子女一样都有平等的代位继承权。民法典还增加了被继承人的兄弟姐妹先于被继承人死亡的，由其兄弟姐妹的子女代位继承，即哥哥在弟弟、妹妹之前死亡的，弟弟、妹妹没有第一顺位的继承人的，则哥哥的子女可以代为继承叔叔、姑姑的遗产。

友情提示

孙子女、外孙子女、曾孙子女、外曾孙子女都可以代位其已经去世的父母继承爷爷奶奶的遗产；侄子、侄女也可以代位其已经去世的父母继承叔叔、姑姑的遗产。

如何订立有效遗嘱?

案情介绍

老杨是位退休教师，有一子一女。过完70岁生日之后，老杨自己打印了一份遗嘱。遗嘱上面写：位于昆明市盘龙区金星小区××栋××号，产权证号为××的房子为儿子所有；位于西山区白马小区××栋××号，产权证号为×××的房子为女儿所有；其余现金和其他财产由两个孩子平均分配。老杨在遗嘱上签名、写了日期。请问这样的遗嘱是否符合法律规范？生效吗？

◆ 答疑解惑

民法典新增遗嘱可以采用打印的方式，但是同时明确规定打印遗嘱必须符合法律的规定。在形式上要求：打印遗嘱应当有两个以上见证人在场见证；遗嘱人和见证人应当在遗嘱每一页签名，注明年、月、日。在内容上，法律也对遗嘱有特别的要求。比如：立遗嘱的人必须是完全民事行为能力人；必须是真实意思的表示；不得伪造、篡改遗嘱；只能处分自己的个人财产；还必须为缺乏劳动能力，又没有生活来源的人保留必要的份额等。综上所述，老杨所立的遗嘱不符合法律要求。要使这份遗嘱有效，除符合法定的实质要件外，还必须有两个以上见证人在场见证，老杨和见证人应当在遗嘱的每一页上签名，注明年、月、日。

◆ 相关法条

民法典第一千一百三十六条 打印遗嘱应当有两个以上见证人在场见证。遗嘱人和见证人应当在遗嘱每一页签名，注明年、月、日。

民法典第一千一百四十二条 遗嘱人可以撤回、变更自己所立的遗嘱。

立遗嘱后，遗嘱人实施与遗嘱内容相反的民事法律行为的，视为对遗嘱相关内容的撤回。

立有数份遗嘱，内容相抵触的，以最后的遗嘱为准。

民法典第一千一百四十三条 无民事行为能力人或者限制民事行为能力人所立的遗嘱无效。

遗嘱必须表示遗嘱人的真实意思，受欺诈、胁迫所立的遗嘱无效。

伪造的遗嘱无效。

遗嘱被篡改的，篡改的内容无效。

法条释义

遗嘱继承是指继承开始后，继承人按照被继承人生前所立的合法有效的遗嘱继承遗产的继承方式。在遗嘱继承中，由谁继承、继承的顺序、应继承的份额、遗产如何管理、如何执行遗嘱、继承是否负担义务等都可以由被继承人在遗嘱中指定。遗嘱继承是与法定继承相对应的一个概念，遗嘱继承体现了充分尊重被继承人的真实意愿，是民事主体对个人财富传承和处理的一种有效途径。但是一份遗嘱能够作为最后处分遗产的有效依据，要求遗嘱的形式和内容必须符合法律规定的要件，否则可能会带来瑕疵，甚至是无效。立遗嘱的形式要件和实质要件要求如表 1 所示：

表 1　遗嘱规范要件信息表

<table>
<tr><th>遗嘱的方式</th><th>形式要件</th><th>实质要件</th></tr>
<tr><td>自书遗嘱</td><td>亲笔书写，签名，注明年、月、日</td><td rowspan="6">1. 立遗嘱人必须是完全民事行为能力人。无民事行为能力人或者限制民事行为能力人所立的遗嘱无效
2. 遗嘱必须表示遗嘱人的真实意思，受欺诈、胁迫所立的遗嘱无效
3. 伪造的遗嘱无效
4. 遗嘱被篡改的，篡改的内容无效
5. 遗嘱只能处分个人财产。如果处分了国家、集体或者他人财产的，应当认定该部分遗嘱无效
6. 遗嘱应当为缺乏劳动能力又没有生活来源的继承人保留必要的遗产份额。否则，遗产处理时，应当为该继承人留下必要的遗产，所剩余的部分，才可参照遗嘱确定的分配原则处理</td></tr>
<tr><td>代书遗嘱</td><td>两个以上见证人在场见证，由其中一人代书，并由遗嘱人、代书人和其他见证人签名，注明年、月、日</td></tr>
<tr><td>打印遗嘱</td><td>两个以上见证人在场见证。遗嘱人和见证人应当在遗嘱每一页签名，注明年、月、日</td></tr>
<tr><td>录音录像</td><td>两个以上见证人在场见证。遗嘱人和见证人应当在录音录像中记录其姓名或者肖像，以及年、月、日</td></tr>
<tr><td>口头遗嘱</td><td>危急情况下，有两个以上见证人在场见证。危急情况消除后，遗嘱人能够以书面或者录音录像形式立遗嘱的，所立的口头遗嘱无效</td></tr>
<tr><td>公证遗嘱</td><td>经公证机构办理</td></tr>
</table>

当然立遗嘱人有权撤回或者变更自己所立的遗嘱。如果立有数份遗嘱，内容相互抵触的话，以最后所立的遗嘱为准，公证遗嘱无优先性。

友情提示

采用遗嘱处分遗产能充分表达被继承人的意愿，但必须注意遗嘱的形式和实质内容必须符合法律的规定，否则将会导致无效或部分无效。

如何选择遗嘱见证人？

案情介绍

杨奶奶有好几个子女。她想立一份遗嘱，分配好自己的遗产，免得孩子们将来产生争议影响家庭团结和睦。但杨奶奶识字甚少，那么她该怎么立遗嘱，选择谁作为遗嘱见证人？

◆ 答疑解释

因为杨奶奶识字甚少，所以她可以请别人为她代写遗嘱，也就是法律上规定的代书遗嘱。代书遗嘱至少要有两名以上的见证人在场，由其中一人代为书写，然后由杨奶奶、代为书写遗嘱的人和其他见证人在遗嘱上签名并注明日期。当然也可以采用打印遗嘱、录音录像遗嘱或者是公证遗嘱的方式订立遗嘱。

杨奶奶要选具有完全民事行为能力人，又不能是继承人或与继承人有其他的利害关系的人作为遗嘱见证人。

◆ 相关法条

民法典第一千一百四十条 下列人员不能作为遗嘱见证人：

（一）无民事行为能力人、限制民事行为能力人以及其他不具有

见证能力的人;

（二）继承人、受遗赠人;

（三）与继承人、受遗赠人有利害关系的人。

《最高人民法院关于适用〈中华人民共和国民法典〉继承编的解释（一）》第二十四条 继承人、受遗赠人的债权人、债务人，共同经营的合伙人，也应当视为与继承人、受遗赠人有利害关系，不能作为遗嘱的见证人。

法条释义

遗嘱见证人是指订立遗嘱的时候，亲自到遗嘱制作的现场，并对遗嘱的真实性加以证明的人。为了确保遗嘱的真实性，以及真实表达立遗嘱人的真实意愿，所以见证人的信用与遗嘱效力的关系密切。因为遗嘱见证人证明的真伪，直接关系遗嘱的效力和对遗产的分配和处置。除自书遗嘱和公证遗嘱外，遗嘱人订立代书遗嘱、打印遗嘱、录音录像遗嘱、口头遗嘱都必须有两个以上的见证人在场见证方能生效。

遗嘱见证人应当具备以下条件:

（1）具有完全民事行为能力人。无民事行为能力人和限制民事行为能力人不能作为见证人。

（2）继承人或者受遗赠人不能成为见证人。因为存在利益关系，可能会形成不公平、不公正的情形。

（3）与继承人或者受遗赠人没有利害关系。这些人包括继承人、受遗赠人的近亲属，如配偶、父母、子女、兄弟姐妹等以及继承人、受遗赠人的债权人、债务人，共同经营的合伙人。这部分人与遗嘱实际上有着间接的利害关系，会一定程度上影响作为见证人的客观性。同时，见证人要有一定的文化程度，知晓遗嘱内容和所使用的语言文字。

友情提示

除自书遗嘱和公证遗嘱外，订立其他形式的遗嘱都需要遗嘱见证人的见证。而见证人是否符合法律规定，直接关系到遗嘱的效力，若见证人不适当，则会导致遗嘱无效。

遗赠扶养协议如何执行？

案情介绍

杨奶奶在丈夫去世以后独自一个人生活。经人介绍认识了小李，双方协商一致，于 2016 年 12 月签订了遗赠扶养协议约定：杨奶奶年老体弱，长期无人照料，自 2016 年 10 月以来便依靠小李照顾；杨奶奶愿意将自己的木结构房屋一共 11 间，建筑面积 406 平方米的房屋中的一切家具、杂物全部赠与小李；在杨奶奶去世后，由小李受理上述财产及房屋，杨奶奶愿意在本协议签订后将其土地承包经营权证以及承包的土地交给小李使用；小李保证在杨奶奶有生之年悉心照料，使其安度其晚年；杨奶奶饮食起居等一切由小李承担，小病由杨奶奶自己承担，大病医疗由双方共同承担；小李负责杨奶奶的送终安葬，在杨奶奶去世前，不得随意处置赠与财产。协议签订后，杨奶奶将土地及证件交由小李使用保管。双方共同生活期间，小李在杨奶奶的土地上修盖了一间酿酒房。

2018 年 3 月，双方不合，杨奶奶诉至法院要求解除遗赠扶养协议，小李提出李奶奶向他赔偿 50000 元的要求。（本案来源于中国裁判文书网）

◆ 法院裁判

法院认为，双方签订的遗赠扶养协议是双方真实意思表示，不违反法律法规的禁止性规定，受法律保护。但该协议是在双方各自情况及彼此性格不了解的情况下仓促达成的，协议基础较差，共同生活期间，双方经常为生活琐事吵架。2018 年 3 月，双方发生矛盾，杨奶奶不再要求小李尽抚养义务，小李也未尽到抚养的义务，双方协议已丧失存在的基础，遗赠扶养的目的已不能实现，双方同意解除协议，法院支持。

就小李要求损失赔偿的问题。双方达成抚养协议后，小李确有照顾抚养的事实。其间，小李盖了酿酒房，所以解除协议后，要求杨奶奶赔偿一定的费用符合法律的规定，予以支持。但导致抚养协议解除的原因是双方脾气、性格不合，无法相处，各自均有责任。所以小李支出的费用应由双方共同承担，小李支出的费用如下：酿酒房拆除有损它的价值，从保持财产价值的角度出发，确定酿酒房归杨奶奶所有，由杨奶奶向小李补偿 6000 元。小李要求补偿生活费、医疗费等费用的问题。小李于 2016 年 10 月起抚养杨奶奶，2018 年 3 月双方发生矛盾，互不履行各自的义务。所以法院酌定抚养时间为 17 个月，其抚养、照顾原告支出的费用以及电费等日常生活支出，根据本地实际酌情为每月 400元，共计 6800 元。因双方对原告的医疗费由谁负担问题各执一词，无法确定，不予支持。对小李要求赔偿的名誉损失无事实及法律根据，不予支持。

法院判决：解除遗赠扶养协议；酿酒房及抚养费共计 12800 元，根据各自的责任酌定由杨奶奶补偿小李 6400 元。小李将所持有的土地及证件退还给杨奶奶。

◆ 相关法条

民法典第一千一百二十三条 继承开始后，按照法定继承办理；有遗嘱的，按照遗嘱继承或者遗赠办理；有遗赠扶养协议的，按照协议办理。

民法典第一千一百五十八条 自然人可以与继承人以外的组织或者个人签订遗赠扶养协议。按照协议，该组织或者个人承担该自然人生养死葬的义务，享有受遗赠的权利。

《最高人民法院关于适用〈中华人民共和国民法典〉继承编的解释（一）》第四十条 继承人以外的组织或者个人与自然人签订遗赠扶养协议后，无正当理由不履行，导致协议解除的，不能享有受遗赠的权利，其支付的供养费用一般不予补偿；遗赠人无正当理由不履行，导致协议解除的，则应当偿还继承人以外的组织或者个人已支付的供养费用。

法条释义

遗赠扶养协议不同于赠与，也不同于一般的遗产处理，更不是单纯的合同问题，它具有人身属性和财产属性。它是一种当事人双方都负有一定义务的法律行为。遗赠扶养协议，是通过协议确定抚养人承担遗赠人生养死葬的义务，遗赠人将自己的财产赠与扶养人的义务。任何一方享受权利都以履行一定的义务为对价，抚养人不履行抚养义务，则不能享有获得财产的权利；受抚养人不将自己的财产遗赠给扶养人也不享有要求抚养人抚养的权利；若已经抚养的，应当偿还已支付的抚养费用。

同时，遗赠扶养协议具有效力优先性。在被继承人死亡后，如果还订立了遗嘱，那么应当优先执行遗赠扶养协议。顺序为：遗赠扶养协议优先于遗嘱或遗赠，没有遗赠扶养协议、遗嘱或遗赠的，最后才适用法定继承。

友情提示

遗赠扶养协议对双方都具有约束力，签订以后应当按约定履行。按照遗赠扶养协议获得的遗产，扶养人不用清偿被抚养人的债务。

被继承人的生前债务应如何清偿？

案情介绍

老杨生前一直和大女儿生活，他立有有效遗嘱，写明大女儿对他尽了主要的赡养义务，他把自己一套价值50万元的房子给她，其他财产没有提及。老杨去世后，他的遗产由子女们分别继承。其中，大女儿按照遗嘱继承了一套价值50万元的房子。其余价值50万元的财产未在遗嘱中提及，则按照法定继承处理，由他的大女儿和小儿子共同继承。最后，大女儿继承了价值50万元的房子和其他25万元的财产，并对该房进行了过户登记；小儿子继承了25万元的财产。两个月后，李某拿着老杨生前出具的借条和转账凭证，找到老杨的女儿和儿子，要求他们偿还老杨生前所欠的70万元借款。那么他们要不要偿还父亲生前所欠的债务？如果要，如何清偿呢？

◆ 答疑解惑

继承人应当在继承财产的范围内，承担清偿被继承人债务的责任。老杨的遗产继承既有法定继承又有遗嘱继承，首先由法定继承人清偿老杨依法应当缴纳的税款和债务；超过法定继承取得的遗产实际价值部分，由遗嘱继承人——大女儿以所得遗产清偿。即大女儿和小儿子分别在法定继承范围内各自清偿 25 万元，剩余的 20 万元由大女儿在遗嘱继承的财产范围内清偿。

◆ 相关法条

民法典第一千一百五十九条 分割遗产，应当清偿被继承人依法应当缴纳的税款和债务；但是，应当为缺乏劳动能力又没有生活来源的继承人保留必要的遗产。

民法典第一千一百六十一条 继承人以所得遗产实际价值为限清偿被继承人依法应当缴纳的税款和债务。超过遗产实际价值部分，继承人自愿偿还的不在此限。

继承人放弃继承的，对被继承人依法应当缴纳的税款和债务可以不负清偿责任。

民法典第一千一百六十三条 既有法定继承又有遗嘱继承、遗赠的，由法定继承人清偿被继承人依法应当缴纳的税款和债务；超过法定继承遗产实际价值部分，由遗嘱继承人和受遗赠人按比例以所得遗产清偿。

法条释义

被继承人死亡后，他生前所欠的税款和债务依然需要在他的个人财产范围内进行清偿。对被继承人遗产的继承，既可以先清偿税款和债务后进行继承，也可以先继承遗产，再由继承人清偿税款和债务，这都体现了继承人的有限继承原则。如果遗产已经分割，税款和债务还没有清偿的，此时应当由已经继承了遗产的人对税款和债务承担清偿责任。

但是如果既存在法定继承，又存在遗嘱继承和遗赠的，那么就存在清偿税款和债务的先后顺序问题。首先由法定继承人清偿被继承人依法应当缴纳的税款和债务，如果税款或者债务的数额超过了法定继承人取得遗产的实际价值的部分，法定继承人不再承担清偿责任。这时由遗嘱继承人和受遗赠人按比例以所得的遗产来清偿。这里所谓的按比例就是遗嘱继承人和受遗赠人接受遗产的效力相同，不存在先后的顺序问题，由遗嘱继承人和受遗赠人按照所得遗产的比例，用所继承的遗产清偿税款和债务。

友情提示

遗产应当先偿还应当缴纳的税款和债务，即使已经对遗产进行了分割，也需要在继承范围内承担清偿责任。清偿顺序是先由法定继承人清偿，剩余部分由遗嘱继承人和受遗赠人在继承的遗产范围内按比例清偿。

顾客在商场意外摔伤谁应担责?

案情介绍

春节将至，小杨去本地一个著名综合商场购物，结果因地上有水而滑倒，导致骨折住院。小杨找到商城的经营方索赔，经营方经调取监控发现，地面污水系小杨滑倒一小时前，一位穿红衣的顾客不慎打泼奶茶所致。但该顾客已经无法找到，经营方拒绝赔偿，要求小杨去找该红衣顾客索赔。小杨索赔无门，想咨询自己受伤应当向谁索赔?

◆ 答疑解惑

小杨可以向商场的经营者进行索赔。

商场作为公共场所，其经营者就是管理者，管理商场即应对商场的安全负有安全保障义务，即需要保障进入商场的人员处于安全的环境中，若因为设施设备问题（如地滑、电梯卡人等）造成人员损伤的，则经营者、管理者应当承担赔偿责任。此次事件中，还存在红衣顾客不慎打泼奶茶的行为，该红衣顾客的行为虽为造成损伤的原因之一，但商场在相当长时间内都未能及时打扫卫生，保障商场地面防滑，商场存在过错责任，应当进行赔偿。

◆ 相关法条

民法典第一千一百九十八条 宾馆、商场、银行、车站、机场、体育场馆、娱乐场所等经营场所、公共场所的经营者、管理者或者群众性活动的组织者，未尽到安全保障义务，造成他人损害的，应当承担侵权责任。

因第三人的行为造成他人损害的，由第三人承担侵权责任；经营者、管理者或者组织者未尽到安全保障义务的，承担相应的补充责任。经营者、管理者或者组织者承担补充责任后，可以向第三人追偿。

法条释义

本条是关于经营场所、公共场所的经营者、管理者或者群众性活动的组织者未尽到安全保障义务的侵权责任的规定。

安全保障义务，是指宾馆、商场、银行、车站、机场、体育场馆、娱乐场所等经营场所、公共场所的经营者、管理者或者群众性活动的组织者，所负有的在合理限度范围内保护他人人身和财产安全的义务。

本条规定的“经营场所”“公共场所”包括以公众为对象进行商业性经营的场所，也包括对公众提供服务的场所。如本条列举的宾馆、商场、银行、车站、机场、体育场馆、娱乐场所等。除了本条列举的这些场所外，码头、公园、餐厅等也都属于本条规定的“经营场所”“公共场所”。

负有安全保障义务的主体，包括经营场所、公共场所的经营者、管理者或者群众性活动的组织者。群众性活动，是指法人或者其他组织面向社会公众举办的参加人数较多的活动。例如，体育比赛活动，演唱会、音乐会等文艺演出活动，展览、展销等活动，游园、灯会、庙会、花会、焰火晚会等活动，人才招聘会、现场开奖的彩票销售等活动。

本条第二款规定，当侵权由进入公共场所、经营场所的第三人而导致（如本案中红衣顾客）时，如果安全保障义务人未尽到防止他人遭受第三人侵害的安全保障义务的，则应当承担相应的补充责任。

在实践中，存在不少因第三人侵权行为和安全保障义务人未尽到安全保障义务两个因素结合在一起而造成他人损害的情形。例如：储户到银行取钱或者存款，遭到第三人抢劫，银行的保安人员未尽到安全保障义务，没有及时注意或者制止，导致储户钱款被盗抢或者人身受到伤害；宾馆没有完善的保安措施或者没有认真履行保安职责，导致住宿旅客被外来人员殴打；等等。

根据本条的规定，第三人的侵权行为是造成损害的直接原因，应当首先由第三人承担侵权责任；安全保障义务人未尽到安全保障义务也是造成损害的因素，应当承担相应的补充责任。安全保障义务人承担补充责任后，可以向第三人追偿。

在上述例子中，首先应当由抢劫者和打人者承担侵权责任，但如果找不到抢劫者和打人者，则受害人可以先向银行或宾馆索赔，银行或宾馆承担补充责任后，可以再向抢劫者、打人者追偿。

友情提示

宾馆、商场、银行、车站、机场、体育场馆、娱乐场所等经营场所、公共场所的经营者、管理者，群众性活动的组织者，其在经营组织过程中，不仅有商业活动需要经营管理，还需要充分履行经营过程中的安全保障义务。近年来，大型活动屡次发生踩踏、拥挤致人损伤事件，经营者及组织者需要提前预防，否则一旦产生事故，不仅组织目的无法达到，还要承担赔偿责任。

被从天而降的钥匙砸伤应找谁赔偿?

案情介绍

小杨在小区散步，不料高处落下一串钥匙砸到了小杨头上。小杨的脑袋肿了个大包，需要住院治疗。小杨根据钥匙号按门铃询问楼上住户并要求支付由此产生的医药费，但该住户直接拒绝沟通，并声称小杨无法证明钥匙是从哪家抛出的，无法举证要求该单元住户承担责任。小杨无言以对，那么小杨受伤该如何索赔?

◆ 答疑解惑

小杨可根据钥匙号确认的户主进行索赔，若无法及时查明钥匙的抛出人，可要求小区物业管理企业、公安等机关调查取证。如果经调查难以确定具体侵权人的，则适用除能够证明自己不是侵权人的外，由该建筑物使用人中的可能加害人给予补偿；如果物业服务企业等建筑物管理人未采取必要的安全保障措施，则由其依法承担未履行安全保障义务的侵权责任。

近年来，从建筑物上抛掷物、坠落物致人损害的案件时有发生，“头顶上的安全”引起社会的广泛关注。民法典规定“禁止从建筑物中抛掷物品”。民事法律是调整主体之间权利义务的规范，以自由意志为导向，强调意思自治，所以我国民事法律规范极少使用禁止性的表述，本条禁止性规定，是对从建筑物中抛掷物品行为的严厉谴责和禁止。违反此规定的，首先要承担民事赔偿责任，造成严重后果的，还可能会承担刑事责任。

◆ 相关法条

民法典第一千二百五十四条 禁止从建筑物中抛掷物品。从建筑物中抛掷物品或者从建筑物上坠落的物品造成他人损害的，由侵权人依法承担侵权责任；经调查难以确定具体侵权人的，除能够证明自己不是侵权人的外，由可能加害的建筑物使用人给予补偿。可能加害的建筑物使用人补偿后，有权向侵权人追偿。

物业服务企业等建筑物管理人应当采取必要的安全保障措施防止前款规定情形的发生；未采取必要的安全保障措施的，应当依法承担未履行安全保障义务的侵权责任。

发生本条第一款规定的情形的，公安等机关应当依法及时调查，查清责任人。

法条释义

本条是关于从建筑物中抛掷物品或者从建筑物上坠落的物品造成他人损害责任的规定。从建筑物中抛掷物品或者从建筑物上坠落的物品造成他人损害的民事责任主要涉及两种情况：一是责任人容易明确的情形，建筑物的构成部分或者建筑物上的搁置物、悬挂物发生脱落、坠落，这种情形下责任人较容易确定；二是责任人不容易明确的情形，对于这种情形，“由可能加害的建筑物使用人给予补偿”，“可能加害的建筑物使用人”必须限定在一定的合理范围内，不能机械地无限扩大至建筑物中的所有人。若被侵权人难以第一时间确定具体侵权人，在由可能加害的建筑物使用人承担补充责任之前，民法典规定公安等机关有及时介入调查取证的义务，这大大增加了查明直接侵权人的概率。

若高空坠物确实无法查明侵权人的，除能够证明自己不是侵权人的外，由可能加害的建筑物使用人给予补偿。民法典的本条采用举证责任倒置，由建筑物使用人证明自己不是侵权人。建筑物使用人不能证明自己不是侵权人的，要对被侵权人受到的损害进行补偿。如果有证据能够确定具体的侵权人，则其他可能加害的建筑物使用人无须再举证证明自己不是侵权人。但由可能加害的建筑物使用人对被侵权人给予补偿的，各个可能加害的建筑物使用人之间不承担连带责任，而是按份分别对被侵权人进行补偿。被侵权人不能要求某一个或一部分可能加害的建筑物使用人补偿其全部的损害，可能加害的建筑物使用人按照自己应承担的份额对被侵权人进行补偿后，也不能向其他可能加害的建筑物使用人追偿。但是发现了真正侵权人的，可以向真正的侵权人进行追偿，以体现责任自负、社会公平。

友情提示

现在随着城市化的不断发展，城市里高楼林立，城市生活人口密度很大，高空抛掷物导致人身损害的事情屡屡发生，已经成为重要的社会问题。高空掷物不仅极有可能损害地面财物，还极易造成人员伤亡，导致不可挽回的后果，根据民法典的规定，发生高空物品掉落后，小区物业机构、公安机关均可及时介入调查，让抛物人无从隐藏。请大家一定注意高楼居住文明，禁止抛掷物品，并及时检查住房外立面搁置物、悬挂物是否牢固、安全，防止发生脱落、坠落。

打球受伤能否请求球友出医药费?

案情介绍

小易和小周是同事，平时都爱打球。周五下班，小易约小周一同去单位旁边的球场打球，结果小易在打球过程中脚踝扭伤，小周送小易去医院后就回家休息了。第二天，小易女朋友给小周打电话，称小易跟腱断裂，需要小周支付医药费。小周认为小易受伤和自己没有直接关系，但相约打球中受伤又不知是否应当承担责任。故，想咨询：好友之间相约打球，在球场上不慎受伤谁出医药费?

◆ 答疑解惑

相约运动属于法律上的“自甘风险”行为，如果在运动过程中受伤，在其他参与者对事故的发生没有故意或者重大过失的情况下，则由自己承担受伤而导致的损失。

自甘风险又称自愿承受危险，是指受害人作为完全民事行为能力人，因自愿将自身置于危险环境和场合，对可能发生损害的风险有明确认知，如果在此过程受到损害，则自己承担责任。自甘风险的构成要件为：第一，受害人作出了自愿承受危险的意思表示，通常是将自己置于可能性的危险状况之下；第二，这种潜在的危险不是法律、法规所禁止的，也不是社会公序良俗所反对的，且此种危险通常被社会所认可存在或者难以避免的。例如，参加拳击比赛而自愿承受可能受到的人身伤害的危险。

参加对抗性较强的体育活动等确实比较容易发生受伤等情况，实践中，对损害后果由谁承担责任经常产生纠纷。如参加马拉松竞赛活动中参赛者去世，要求组织者承担侵权责任等。为了满足具有风险性的体育竞技等方面的需要，民法典增加规定自甘风险制度。

◆ 相关法条

民法典第一千一百七十六条 自愿参加具有一定风险的文体活动，因其他参加者的行为受到损害的，受害人不得请求其他参加者承担侵权责任；但是，其他参加者对损害的发生有故意或者重大过失的除外。

活动组织者的责任适用本法第一千一百九十八条至第一千二百零一条的规定。

法条释义

本条是关于自甘风险制度的规定。自甘风险主要适用于危险性的文体、探险等活动；在自甘风险制度中，受害人对其参加什么文体活动、该活动通常具有什么危险或者损伤、自己的竞技水平和身体健康情况是知晓的，只是不能具体预测自己参加活动是否一定会遭受损害、遭受多大程度的损害。自甘风险制度中，受害人往往没有明确作出自愿接受损害结果的意思表示。

自甘风险规则确认，对于自愿参加对抗性、风险性较强的体育活动，以及学校等机构正常组织开展体育课等活动学生受伤发生纠纷时，明确责任的界限是有利的。如果是组织者则更应当注意其负责部分的安全与周到，有些文体活动需要组织者详细明确告知参加者活动过程中可能存在的各种风险，否则应承担相应责任，例如民法典第一千一百九十八条第一款规定：“宾馆、商场、银行、车站、机场、体育场馆、娱乐场所等经营场所、公共场所的经营者、管理者或者群众性活动的组织者，未尽到安全保障义务，造成他人损害的，应当承担侵权责任。”

友情提示

对于对抗性较强的体育运动，参加者自愿参与这些活动应当充分认识到其危险性，由此产生的正常风险原则上应当由参加者自己承担。

被流浪狗咬伤找谁赔?

案情介绍

老金和小周是同村邻居。老金原饲养有一条看门狗大黄，后因老金外出打工无法照顾大黄，大黄成为村里的一条流浪狗。小周在村间道路散步时不慎被大黄咬伤，其找老金索赔时，老金却说大黄已经不是他家的看门狗了，全村人都知道他已经一年没回村了，不可能养狗也不应为大黄咬人负责。小周无奈，故想咨询：被遗弃流浪狗咬伤，谁负责?

◆ 答疑解惑

该流浪狗是老金遗弃的，老金应当承担赔偿责任。虽然大黄现为无人管理的流浪狗，但大黄成为流浪狗是老金遗弃所致，在遗弃期间造成了小周被咬伤，老金没有尽到饲养人或管理人应尽的责任和义务，进而造成他人损害，所以老金应当承担赔偿责任。

◆ 相关法条

民法典第一千二百四十五条 饲养的动物造成他人损害的，动物饲养人或者管理人应当承担侵权责任；但是，能够证明损害是因被侵权人故意或者重大过失造成的，可以不承担或者减轻责任。

民法典第一千二百四十六条 违反管理规定，未对动物采取安全措施造成他人损害的，动物饲养人或者管理人应当承担侵权责任；但是，能够证明损害是因被侵权人故意造成的，可以减轻责任

民法典第一千二百四十九条 遗弃、逃逸的动物在遗弃、逃逸期间造成他人损害的，由动物原饲养人或者管理人承担侵权责任。

法条释义

动物饲养人或者管理人是动物伤人的责任主体，一旦饲养的动物造成他人损害，动物的饲养人或管理人就应该承担民事责任，除非具有法定的抗辩事由，否则不能免责。动物饲养人或者管理人如果想要减轻或者不承担责任，就必须证明被侵权人的损害是因为他自己的故意或者重大过失造成的。如果举证不足或者举证不能，动物饲养人或者管理人就应承担动物致害的赔偿责任。

动物的遗弃是指动物饲养人抛弃了动物。逃逸的动物是指饲养人暂时地丧失了对该动物的占有和控制。对流浪动物的问题，饲养人和管理人具有看管好自己饲养的动物以防丢失的管理责任。对动物在失去饲养人或者管理人控制下造成他人损害的，无论动物饲养人或者管理人遗弃动物，还是未尽到管理责任致使动物逃逸，其行为都是加剧了动物对人和社会的危险性，而损害的事实正是由于动物在失去人为的管理和控制下任意流动的危险性所导致。动物饲养人和管理人所饲养的动物在遗弃、逃逸期间造成他人损害的，由动物原饲养人或者管理人承担侵权责任。因此，为了社会公众利益，为了充分保护被侵权人利益，遗弃、逃逸动物的原饲养人或者管理人就应当对自己遗弃动物的行为，以及疏于管理没有尽到管理义务的行为承担责任。

友情提示

动物饲养人或者管理人应该谨慎管束所饲养的动物，肩负起对自己、对社会、对公众负责任的义务，这样有利于切实保障广大人民群众的人身和财产安全，维护社会的稳定和正常秩序，否则应当承担相应的法律责任。

道路施工未设置安全栏导致行人摔伤谁负责?

案情介绍

小姜下班后骑车回家，在每天必经的小区门口道路上，被绊倒掉进坑中，造成手部、头部受伤。原来，这里正在施工，周边不但坑坑洼洼，而且堆满了施工设备。小姜找到施工方协商赔偿，可是对方说他们已经在道路上放置了“正在施工”的提示标牌，是小姜自己粗心造成的，因此拒绝赔偿。小姜应该如何维护自己的权益?

◆ 答疑解惑

施工方对损害后果的发生具有一定过错，应承担责任。

小姜摔倒的地点位于一条小区门口正在施工的道路上。小区中居民众多，这条路也是周边很多人的必经之路。结合施工路段的范围大小情况，以及道路尚未建成且夜间光线不足的情况，这一处施工场地会给不特定的行人带来潜在的危险。因此，施工方在施工过程中应当尽到保障行人安全的义务。民法典相关法条中也有明确，施工人的义务是要同时具备两点，即“设置明显标志和采取安全措施”，仅做到一项是不够的。因此，即使施工方放置了“正在施工”的提示标牌，但由于其仍未能采取充分的安全措施，不足以阻止危险的发生，施工场地依然存在较大的危险因素。施工方应对此加强防范，采取相应的安全措施，比如增加防护板、防护围挡、锥桶、危险警告、夜间灯光提示等，以避免危险的发生。所以施工方对损害后果的发生具有一定过错，应承担责任。

另一方面，小姜作为完全民事行为能力人，通常来讲，在道路通行过程中应具有一定的认知判断和危险防范意识，施工场地位于其每天上下班的必经之路上，其理应对道路周围的环境更熟悉，对施工及提示有所注意。如果小姜被认定为未对自身安全尽到审慎注意义务，对损害的发生也有一些过错，那么将可以减轻侵权人施工方的责任。

◆ 相关法条

民法典第一千二百五十八条 在公共场所或者道路上挖掘、修缮安装地下设施等造成他人损害，施工人不能证明已经设置明显标志和采取安全措施的，应当承担侵权责任。

窨井等地下设施造成他人损害，管理人不能证明尽到管理职责的，应当承担侵权责任。

法条释义

本条是关于在公共场所或者道路上挖坑、修缮安装地下设施等造成他人损害责任，以及窨井等地下设施造成他人损害责任的规定。在公共场所或者道路上施工，应当设置明显标志和采取安全措施，包括以下几个方面的内容：第一，设置的警示标志必须具有明显性；第二，施工人要保证警示标志的稳固并负责对其进行维护，使警示标志持续地存在于施工期间；第三，仅设置明显的标志不足以保障他人的安全的，施工人还应当采取其他有效的安全措施。

公共场所或者道路施工致人损害的责任人是施工人，是指组织施工的单位或个人，而非施工单位的工作人员或者个体施工人的雇员。本条采用过错推定原则，施工人不能证明已经设置明显标志和采取安全措施的，应当承担赔偿责任，应当承担对施工场地的管理和维护义务，保障他人的安全。

窨井是指上下水道或者其他地下管线工程中，为便于检查或疏通而设置的井状构筑物。其他地下设施包括地窖、水井、下水道以及其他地下坑道等。窨井等地下设施的管理人，是指负责对该地下设施进行管理、维护的单位或者个人，在损害发生后要明确具体的管理人，由相关的管理人依法承担侵权责任。

友情提示

对于人们经常聚集、活动和通行的地方，施工方必须采取严格的安全措施来避免一切可能发生的损害，既要设置明显的标识、标志，也要采取与危险程度相匹配的安全措施，以此来保障人们的人身和财产安全。

突发心脏病撞伤他人要不要承担责任?

案情介绍

李先生患有心脏病，需每天按时服药，医生禁止其骑自行车外出，但是李先生未按医嘱服药，并骑车外出，结果途中心脏病发作，丧失意识后摔倒并撞伤一位行人老张。老张想咨询：其被撞伤该如何索赔?

◆ 答疑解惑

老张被撞伤系李先生未按医嘱服药并骑车外出导致心脏病发作所致，老张可以请求李先生承担损害赔偿责任。虽然李先生在撞伤老张时处于心脏病发作丧失意识状态，但是李先生的心脏病发作丧失意识状态是因为他自身的过错，即没有听从医嘱服药并骑车外出的原因导致，故老张可以请求李先生承担损害赔偿责任。

◆ 相关法条

民法典第一千一百九十条　完全民事行为能力人对自己的行为暂

时没有意识或者失去控制造成他人损害有过错的，应当承担侵权责任；没有过错的，根据行为人的经济状况对受害人适当补偿。

完全民事行为能力人因醉酒、滥用麻醉药品或者精神药品对自己的行为暂时没有意识或者失去控制造成他人损害的，应当承担侵权责任。

法条释义

完全民事行为能力人因为自己的过错，丧失了意识后造成了他人的损害，那么行为人应当根据其过错承担赔偿责任。本条第一款中的“过错”是指过错导致其丧失意识，因为失去意识之后确实没有过错可言。完全民事行为能力人是由于其过错导致意识丧失，那么对于丧失意识后的行为造成他人损害的，则要承担相应的侵权责任。

如果行为人暂时没有意识或者失去控制不是由于自己的过错造成，而是由于其他原因导致发生，在这种情况下，行为人可以不承担侵权责任，不过需要根据公平分担的原则，适当分担被侵权人的损失，对受害人作出适当补偿。

完全民事行为能力人因醉酒、滥用麻醉药品或者精神药品导致自己暂时没有意识或者失去控制造成他人损害的。根据我国刑法的有关规定，醉酒的人应当承担刑事责任。《中华人民共和国治安管理处罚法》规定，醉酒的人违反治安管理的，应当给予处罚。醉酒的人在醉酒状态中，对本人有危险或者对他人的人身、财产或者公共安全有威胁的，应当对其采取保护性措施约束至酒醒。麻醉药品是具有一定依赖性潜力的药品，连续使用、滥用或者不合理使用，易产生生理依赖性和精神依赖性，能成瘾癖。精神药品是直接作用于中枢神经系统，使之极度兴奋或抑制的药品。如果行为人放任结果的发生，虽然侵权行为发生时，行为人已经丧失意识，似乎没有过错可言，但是，其行为本身具有违法性，应当对此发生的侵权行为承担责任。

友情提示

作为完全民事行为能力人，应尽可能约束自己的行为，对自身可能发生的潜在行为有预见性，控制自身行为。同时还应当预见到醉酒或者滥用麻醉药品、精神药品后会难以控制自己的行为，可能会危害公共安全和他人的生命健康，行为人应采取措施避免造成他人人身权和财产权的损害。

你找的人拆空调时摔伤，你是否需要赔钱？

案情介绍

华兴公司老式办公楼即将拆迁。张三作为空调修理个体户，常年收购旧空调，当他看到这栋即将拆迁的办公楼上有很多空调外挂机，便向华兴公司寻求收购华兴公司想到办公楼拆除后空调外挂机便没有价值了，不如卖给张三还能赚一笔，随即同意了张三的提议。但华兴公司表明空调机需要张三自行拆除收购，每台拆除费在空调机收购价中减去50元，张三欣然答应。不料在拆除过程中，张三不慎跌落严重受伤，遂起诉华兴公司至法院。华兴公司认为：张三系自行拆除空调导致的受伤，公司不应承担责任。（本案来源于中国裁判文书网）

◆ 法院裁判

张三以自己的设备、技术、劳动完成拆除空调工作，与华兴公司形成承揽关系，而高空建筑物户外操作是需要特殊资质和专业保护措施的，拆卸人员属于特种作业人员，必须持证上岗。本案之中，张三属无证人员作业，华兴公司特意表明需要张三自行拆除，存在一定过错，华兴公司应该对发生的安全事故承担相应的法律责任。

◆ 相关法条

民法典第一千一百九十三条 承揽人在完成工作过程中造成第三人损害或者自己损害的，定作人不承担侵权责任。但是，定作人对定作、指示或者选任有过错的，应当承担相应的责任。

法条释义

民法典规定的承揽合同是承揽人按照定作人的要求完成工作，交付工作成果，定作人给付报酬的合同。承揽包括加工、定作、修理、复制、测试、检验等工作。考虑到在大多数情况下，承揽人主要依靠自己的技术和专业技能独立完成承揽工作，不受定作人的支配，承揽人对第三人造成损害或者造成自身损害时，不应要求定作人承担侵权责任。但是，定作人对定作、指示或者选任存在过错的，需要承担相应的过错责任，这是指定作人的指示过失责任。

友情提示

作为定作人，应选择接受过专业培训的工人负责拆卸工作，拆卸的工人须持证上岗，掌握专业技能，提高安全意识。作为承揽方，不管是承揽人自己还是委托第三方进行特种作业，一定要接受过专业培训同时持有特种作业上岗证，保证人身安全并顺利完成工作。

多车碾压致人死亡如何划分责任？

案情介绍

一日19时左右，未知名驾驶人A驾驶未知号牌货车与横穿马路的曾某某相撞后逃逸；后有未知名驾驶人B驾驶未知号牌机动车碾压倒地的曾某某后亦逃逸。19时05分许，彭某驾驶自有的××号小型轿车（该车投保了交强险和不计免赔限额为20万元的商业三者险）途经事发路段时，由于刹车不及时，从已倒在道路中间的曾某某身上碾压过去(其自述碾压部位为曾某某胸部)，随即停车报警。经鉴定三次撞击均可能造成曾某某死亡。经交警认定，未知名驾驶人A、B及彭某均承担事故的全部责任。未知名驾驶人A、B一直未能找到。经诉讼，死者家属请求彭某承担全部侵权责任。（本案来源于中国裁判文书网）

◆ 法院裁判

法院二审认为，在彭某驾车碾压曾某某之前，有未知名驾驶人A先驾车与曾某某相撞并逃逸，后有未知名驾驶人B碾压曾某某后又逃逸。未知名驾驶人A、B与彭某虽无共同故意或共同过失，但每个人分别实施的加害行为都独立构成了对曾某某的侵权，最终造成了曾某某死亡的损害后果。该损害后果具有不可分性，且每个人的加害行为均是发生损害后果的直接原因，即每个人的行为都足以造成曾某某死亡。因此，确定彭某与肇事逃逸者承担连带赔偿责任并无不当。连带责任对外是一个整体责任，连带责任中的每个人都有义务对被侵权人承担全部责任。

◆ 相关法条

民法典第一千一百七十一条　二人以上分别实施侵权行为造成同一损害，每个人的侵权行为都足以造成全部损害的，行为人承担连带责任。

法条释义

本条是关于无意思联络分别实施侵权行为，但是都能造成全部损害时承担连带责任的规定。

本条所规定的情况一般体现在：1. 均为2人以上各方分别实施侵权行为；2. 不同侵权行为造成了同一个损害后果；3. 每个人的侵权行为都足以造成全部损害。根据本条规定，一旦满足本条规定的上述三个构成要件，任何行为人必须对造成的损害承担连带责任，即被侵权人可以向任何一个行为人追究全部赔偿责任。

本案审理之时曾广受关注，一些媒体将本案简化为“三车碾压老人致死，前两车逃逸第三车担责”的标题式报道。部分社会公众从普通情感出发，认为由第三车承担全部责任不合情理，可能助长“谁救谁倒霉”“好人没好报”的社会心理。然而，从事实层面而言，第三车碾压之时，受害人并未死亡，究竟哪一辆车的行为致受害人死亡无法确定，但根据尸检报告、勘验笔录等证据，可以确认每一辆车的碾压行为均足以造成受害人死亡的后果。这属于民法典第一千一百七十一条所规定的聚合因果关系，行为人之间需承担连带责任。彭某发现碾压后果及时停车报警，救助受害人，是履行公民责任的诚信行为，值得赞赏和提倡，而就事件后果而言，由于有交强险及商业三者险的分担机制，车主自身承担的赔偿责任实际上并不重。但反观肇事后逃逸的未知名驾车人：一方面，在法律上其已成为肇事后逃逸的刑事犯罪嫌疑人，随时有可能被抓捕归案；另一方面，逃逸之后其内心也将时时受到良心的谴责而无法安宁。与主动救助相比，逃逸的后果无疑是更为严重的。

友情提示

开车需谨慎。首先一定要遵守交通规则，并充分注意突如其来的风险，做到提前预判。如果确实不幸发生事故，也要勇敢面对，承担应当承担的责任。当然，需要结合具体案情判断责任，如果属于意外事故或者不可抗力，则不需要承担责任。

轻信微商的“神药”受害如何维权？

案情介绍

钱洁在彭平的微信朋友圈中看到彭平发布的关于“老军医秘制脚气膏”的产品能够治疗面部痘痘，便向彭平寻求购买。彭平将钱洁拖入该产品的一个销售群，并以每瓶88元的价格卖给钱洁2瓶药膏，每瓶获取差价33元。钱洁在彭平的指导下把药膏使用于面部，一段时间后，钱洁下巴等处出现不同程度的囊肿。钱洁将情况通过微信向彭平反映，彭平答复是正常的排毒过程，并通过微信给钱洁举了一些病例及患者治愈的图片，让钱洁继续使用。彭平答复钱洁时说：“排毒，放心用。老军医特色就是把你毛囊的炎症拔出来。”同时，她还告诉钱洁使用2瓶可能不够，最少需要使用6瓶。钱洁随后再次向彭平购买了10瓶药膏使用，脸上的囊肿更加严重并溃烂。钱洁随后两次到医院就医，并向市场监督管理局

进行投诉。经过市场监督管理局的调查，明确认定该药品属于三无产品。钱洁遂向法院起诉。（本案来源于中国裁判文书网）

◆ 法院裁判

钱洁通过微信向彭平购买药膏并完成了货款的支付，彭平也完成了对钱洁购买药膏的交付，双方形成了买卖合同关系。而该药膏无中文厂名，中文厂址、电话、许可证号、产品标志、生产日期、中文产品说明书等相关标识和说明，且庭审中彭平也承认其销售的产品属于国家明令禁止销售的“三无”产品。因此，彭平公开销售涉案产品，属于严重违反《中华人民共和国产品质量法》（以下简称质量法）的行为，应当由市场监督管理部门进行行政处罚，对于钱洁要求退还药膏款1056元，并赔偿3倍药膏款3168元，支付医疗费284.75元等诉讼请求，依法应予支持。

◆ 相关法条

民法典第一千二百零七条 明知产品存在缺陷仍然生产、销售，或者没有依据前条规定采取有效补救措施，造成他人死亡或者健康严重损害的，被侵权人有权请求相应的惩罚性赔偿。

法条释义

本条是关于产品责任中惩罚性赔偿的规定。

生产者、销售者明知产品存在缺陷，不积极补救，仍然生产销售导致侵害其他人权利，造成损害的，不仅要对被侵权人进行损害赔偿，被侵权人还有权在损失范围外请求相应的惩罚性赔偿。

惩罚性赔偿的主要目的不在于弥补被侵权人的损害，而在于惩罚有主观故意的侵权行为，并遏制这种侵权行为的发生。从赔偿功能上讲，其主要作用在于威慑，其次才是补偿。虽然从个案上看，被侵权人得到了高于实际损害的赔偿数额，但从侵权人角度来看，这种赔偿能够提高其注意义务，从而避免类似情况再次发生。

友情提示

质量法规定产品必须有中文厂名、中文厂址、电话、许可证号、产品标志、生产日期、中文产品说明书，如有必要时还需要有限定性或提示性说明等，凡是缺少的均视为不合格产品，因此造成他人死亡或者健康严重损害的，应当承担惩罚性赔偿责任。

医疗纠纷患者如何维权?

案情介绍

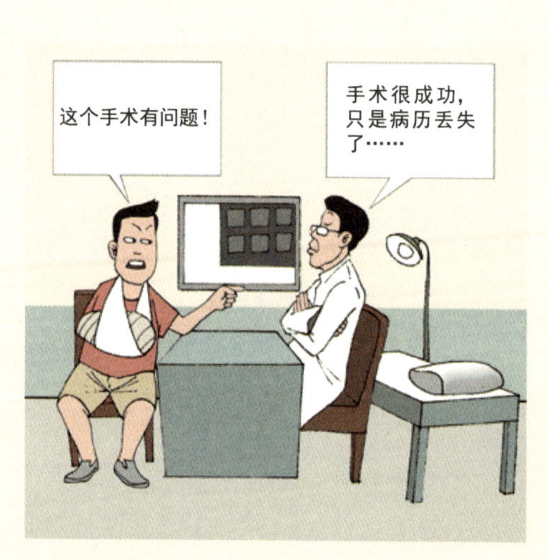

小陆因骨折到县某私立骨科医院进行了手术治疗，并植入一枚钢钉。治疗后，小陆一直恢复得不好，于是到省公立医院进行复查并重新手术。结果，经过省公立医院手术发现先前植入钢钉有质量问题，已经给小陆造成了不可挽回的损失，小陆即使重新手术也无法恢复如初。小陆找县某私立骨科医院理论，该医院却称其手术提供的钢钉系合格产品。小陆请求查看手术病历却被告知病历没有保存，无法查明植入钢钉的来源。小陆认为私立骨科医院植入的钢钉存在质量问题，又无法找到钢钉来源，故想咨询：无法查清医院的治疗经过，如何证明手术带来损害的责任?

◆ 答疑解惑

小陆可以向医院申请封存病历，并向医疗事故技术鉴定委员会提起医疗事故鉴定申请，若经鉴定认为医院的治疗行为存在过错，则应由医院进行赔偿。

根据本案情况，在小陆能够证明损害与医院的治疗相关的情况下，若医院拒绝提供病历或无法提供真实病历，可直接推定医疗机构有过错，要求医院承担损害的赔偿责任，构成医疗事故的，相关负责人及医疗从业人员还将承担行政处罚。

◆ 相关法条

民法典第一千二百一十八条 患者在诊疗活动中受到损害，医疗机构或者其医务人员有过错的，由医疗机构承担赔偿责任。

民法典第一千二百二十二条 患者在诊疗活动中受到损害，有下列情形之一的，推定医疗机构有过错：

（一）违反法律、行政法规、规章以及其他有关诊疗规范的规定；

（二）隐匿或者拒绝提供与纠纷有关的病历资料；

（三）遗失、伪造、篡改或者违法销毁病历资料。

法条释义

医院的诊疗服务系专业性很强的服务行为，证明诊疗行为是否存在过错一般需要医学会等专业机构通过病历进行审查判断。一般情况下，患者主张在诊疗活动中受到损害，其需要举证或通过鉴定确认医疗机构或者其医务人员有过错的，才由医疗机构承担赔偿责任。但如果医疗机构存在民法典第一千二百二十二条所述的三种情况，则可推定医疗机构有过错，不再由患者进行举证证明医院的过错。

在医疗损害诉讼中，病历资料是非常重要的证据材料，但原告人常常存在举证困难的问题。所谓的病历资料包括医疗机构保管的门诊病历、住院志、体温单、医嘱单、检验报告、医学影像检查资料、特殊检查（治疗）同意书、手术同意书、手术及麻醉记录、病理资料、护理记录、医疗费用、出院记录以及国务院卫生行政主管部门规定的其他病历资料。其中《医疗机构病历管理规定》第二十九条规定：门

（急）诊病历由医疗机构保管的，保存时间自患者最后一次就诊之日起不少于15年；住院病历保存时间自患者最后一次住院出院之日起不少于30年。也就是说，病历的保管有明确的时间要求。实践中医疗机构不按照规定保管病例，或者谎称病例已经遗失而拒不提供的，应当推定为医疗机构有过错。

友情提示

在医疗纠纷诉讼中，患者向法院申请医疗机构提交由其保管的与纠纷有关的病历资料等，医疗机构未在法院指定期限内提交的，法院可以推定医疗机构有过错，但是因不可抗力等（如因地震、洪水等导致病历毁损的）客观原因无法提交的除外。

污染环境、破坏生态之责如何承担?

案情介绍

泽昌公司是一家从事钛白粉生产、销售的民营企业，现有一条年产3万吨的硫酸法金红石型钛白粉生产线。其生产工艺主要包括粉碎、酸解、沉降过滤、钛液浓缩水解、偏钛酸水洗漂白漂洗盐处理、偏钛酸压滤煅烧、前粉碎、后处理等工段。生产过程中产生的固体废物包括：1.废酸浓缩工序产生的滤渣，成分为硫酸亚铁，属于一般工业固体废物Ⅱ类；2.污水处理站污泥，成分为硫酸钙，属于一般工业固体废物Ⅰ类。该企业多次因硫酸亚铁堆场未采取任何防护措施，使被雨水冲刷的硫酸亚铁渗滤液向外环境排放，以及渣库未按照固体废物堆放规范要求采取有效防渗漏、防流失等相应防范措施，导致发生酸性渗滤液外泄，被生态环境部门多次行政处罚，被责令立即停止违法行为并处以罚款。经过司法鉴定并经法院确认，该企业因为酸性渗滤液外泄造成了生态环境损害，此次酸性渗滤液外泄造成的环境污染损害数额总计53万余元。其中生态环境损害数额为30万余元、应急处置费用为10万余元、财产损失为11万余元。为此，原告中国生物多样性保护与绿色发展基金会（以下简称“绿发会”）提起了环境污染责任纠纷诉讼。

◆ 法院裁判

法院经审理认为，原告绿发会的主张部分成立，对其成立部分的诉讼请求予以支持。据此，依照相关法律规定，判决：泽昌公司分别在规定的期限内支付环境替代修复费用人民币10万元、赔偿生态环境受到污染至修复完成期间的服务功能损失人民币20万元；支付原告绿发会为本案支出的律师费及其他合理费用合计人民币5万元；就其环境污染行为在报刊上刊登致歉声明；对涉案废渣堆场按要求补种的植被进行有效养护，在养护期内，应保证补种绿植成活率百分之百，怠于履行对补种植被的养护义务，法院将委托其他主体代其履行，为此支出的费用由被告予以支付；对涉案的废渣堆场的地下水水质进行检测，具体检测由被告出资，委托第三方环境检测机构于每年旱季（1月）和雨季（8月）各检测一次位于废渣堆场上下游的地下监测水井，检测指标应包括酸碱度（pH）和铁（Fe），并于当年12月1日向生态环境主管部门和法院提交检测报告；如被告怠于履行以上检测义务，法院将委托第三方环境检测机构代其履行，为此支出的费用由被告泽昌钛业公司予以支付。

◆ 相关法条

民法典第一千二百二十九条 因污染环境、破坏生态造成他人损害的，侵权人应当承担侵权责任。

民法典第一千二百三十条 因污染环境、破坏生态发生纠纷，行为人应当就法律规定的不承担责任或者减轻责任的情形及其行为与损害之间不存在因果关系承担举证责任。

民法典第一千二百三十一条 两个以上侵权人污染环境、破坏生态的，承担责任的大小，根据污染物的种类、浓度、排放量，破坏生态的方式、范围、程度，以及行为对损害后果所起的作用等因素确定。

民法典第一千二百三十二条 侵权人违反法律规定故意污染环境、破坏生态造成严重后果的，被侵权人有权请求相应的惩罚性赔偿。

民法典第一千二百三十三条 因第三人的过错污染环境、破坏生态的，被侵权人可以向侵权人请求赔偿，也可以向第三人请求赔偿。侵权人赔偿后，有权向第三人追偿。

民法典第一千二百三十四条 违反国家规定造成生态环境损害，生态环境能够修复的，国家规定的机关或者法律规定的组织有权请求侵权人在合理期限内承担修复责任。侵权人在期限内未修复的，国家规定的机关或者法律规定的组织可以自行或者委托他人进行修复，所需费用由侵权人负担。

法条释义

因污染环境、破坏生态造成他人损害的，侵权人应当承担侵权责任。环境污染，既包括对生活环境的污染，也包括对生态环境的污染。环境污染责任作为一种特殊的侵权责任，其特殊性首先表现在其采用了无过错责任的归责原则，即在受害人有损害，污染者与损害结果存在因果关系的情况下，无论污染者有无过错，都应对其污染造成的损害承担侵权责任。根据民法典第一千二百三十四条的规定，生态环境保护部门或者环保公益组织有权提起环保公益诉讼，要求侵权人承担相应法律责任。此外，民法典还规定了惩罚性赔偿，对破坏生态环境的行为加大惩处的力度。

友情提示

保护环境和生态是每个公民和组织应尽的义务。对污染环境和破坏生态的行为，民法典的态度是零容忍、严责任。无过错责任和惩罚性赔偿条款的设置，就是为那些无视环保的人敲响警钟、设置规则。此外，如果因为污染环境，造成严重后果的，可能构成污染环境罪和其他相关罪名。

后　记

民法典的颁布实施是中国法治发展史上的大事件，作为法律工作者，很幸运能见证这一大典的编撰、颁布和实施，很荣幸能生活在这样一个伟大的时代。

2021 年，作为我国民法典颁布实施元年，在云南省社会科学界联合会的支持下，在民法典颁布后不久，我们组成了“生活中的民法典”撰写小组，结合民法典和最新的民法典司法解释的相关规定，回应百姓关心、关注的热点问题，以问题为导向展开研究和撰写，并结合具体的案例同步进行漫画创作，历时数月，终于完稿交付出版。

感谢一路给我们提供支持和帮助的云南省社会科学界联合会、云南省法学会、云南人民出版社以及各位老师、法官、律师及朋友家人！继续进行法学理论研究和践行法律实务，将是我作为法律人毕生的追求，不敢倦怠和停歇，以期为法治发展、普法工作贡献一点点微薄的力量。

刘俊芳

2021 年 5 月于西山脚下